CORSO

MAIKEN NIELSEN

TRAMPEN

Durch die Welt
mit Neugier und Glück

CORSO

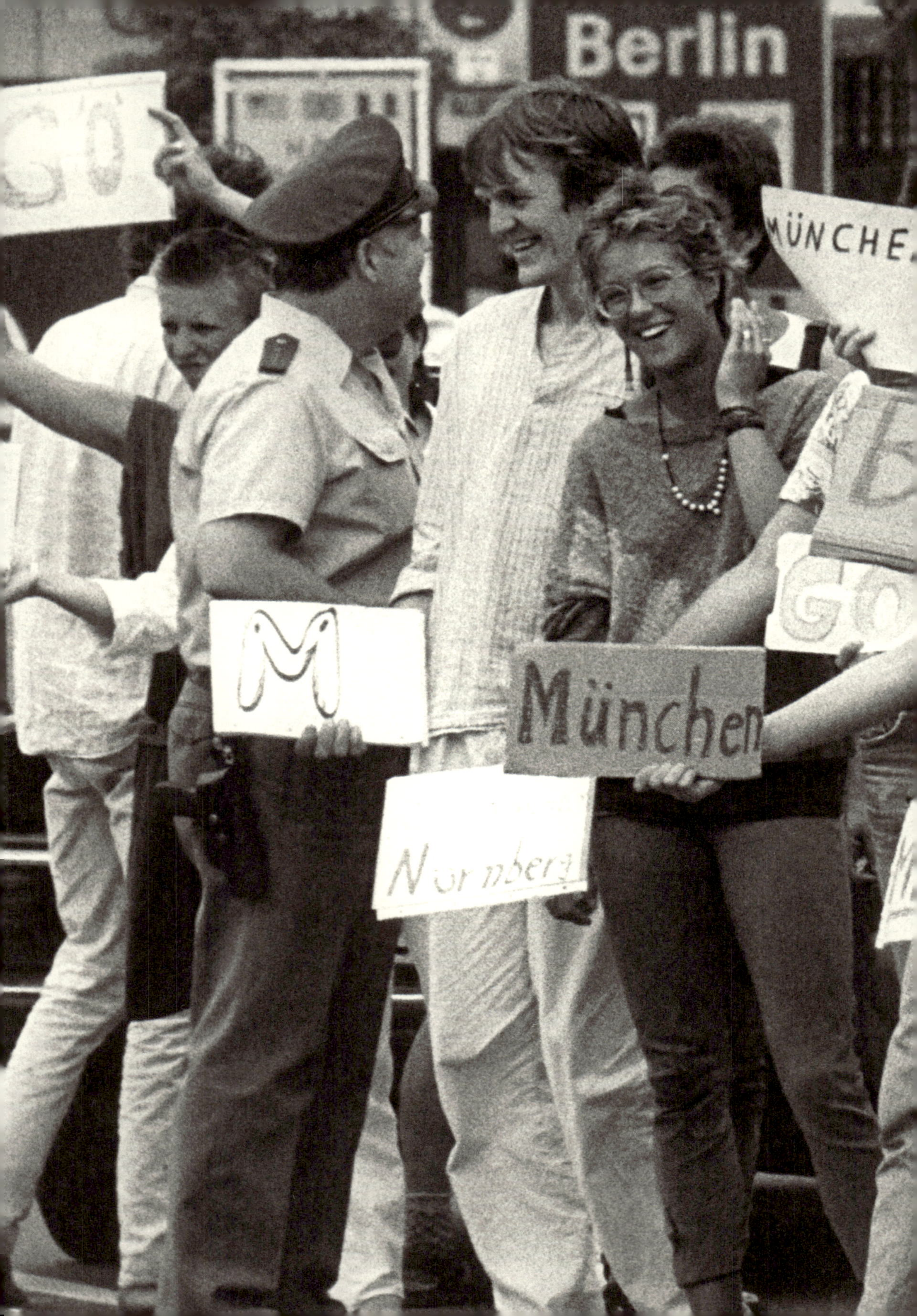
Berlin
M
München

I don't know where I'll be tomorrow,
but I know I'm on my way.

AUS SINES TAGEBUCH

AUFFAHRT

Eine Geschichte von der Straße geht so: 1980 nimmt in Niedersachsen ein Autofahrer einen Tramper mit, der ihm nach einiger Zeit seltsam erscheint. Unter einem Vorwand steuert der Fahrer den nächsten Ort an, und die Wege der beiden trennen sich. Als er zu Hause ankommt und sein Auto ausräumt, entdeckt er im Fach der Beifahrertür ein langes Messer mit Blutspuren. Am nächsten Tag erfährt er, dass ein Autofahrer in der Nähe von Hannover erstochen aufgefunden wurde. In den Nachrichten wird vor einem mit Messern bewaffneten Tramper gewarnt.

Und noch so eine Geschichte: An einem hessischen Rastplatz nimmt ein Autofahrer eine Tramperin mit, die ein kleines Kaff in der Nähe von Mainz ansteuert. Weil es schon dunkel ist, willigt er ein, von der Autobahn abzufahren, um sie nach Hause zu bringen. Zurück auf der Autobahn, sieht er Blaulichter zucken. Während er den Schlenker für die Tramperin gefahren ist, hat sich eine Massenkarambolage ereignet. Wäre er seinen Weg wie vorgesehen weitergefahren, so wäre er jetzt wahrscheinlich tot.

Fast jeder kennt so eine Geschichte, und sie tragen sich nicht nur in Niedersachsen oder in Hessen zu. Manche Tramper-Anekdoten handeln von paranormalen Erscheinungen, von gestorbenen Trampern, die an der Unfallstelle wieder auftauchen und erneut mitgenommen werden möchten, von Phantomstraßen und Schicksalsfahrten.

Aber vor allem gibt es die vielen realen Anhaltergeschichten. Sie handeln von Fremden, die sich in der Enge eines Fahrzeugs ihr Leben erzählen. Die einander Beichten abnehmen, sich neu erfinden, ihr Fernweh ausloten und sich selbst im Schweigen noch nahe sind.

In ein unbekanntes Auto einzusteigen, nicht zu wissen, wann man ankommt und ob sich das Reiseziel unterwegs vielleicht ändert, ist ein Abenteuer. Jede Fahrt bedeutet, in eine neue Welt einzutauchen, sich auf jemand anderen einzulassen, und es bedeutet manchmal auch Gefahr. Ein paar Jahrzehnte lang haben in Europa, den Vereinigten Staaten und Australien Hunderttausende von Menschen nach dieser speziellen Art von Abenteuer auf der Straße gesucht. Die meisten von ihnen hat es für immer verändert.

EXODUS

1984 hat meine Freundin Sine zwischen Oslo und Bærum etwas Irres erlebt. Nachdem sie eine halbe Ewigkeit im strömenden Regen gestanden hatte, landete sie im Wagen eines älteren Herrn, der keiner anderen Sprache als des Norwegischen mächtig war. Nachdem sie beide an Basisfragen wie denen nach Fahrtrichtung, Herkunft und Wohlergehen gescheitert waren, richtete der Fahrer erneut das Wort an sie. Mit der international anerkannten Geste des Bedauerns – hochgezogene Schultern, Handinnenflächen weisen nach oben – versuchte Sine ihm deutlich zu machen, dass sie ihn nicht verstand. Daraufhin stellte der Mann seine Julio-Iglesias-Kassette leiser und wiederholte seine Frage, diesmal etwas drängender. Wieder erklärte Sine, dass sie leider nur Deutsch und Englisch spreche. Es schien eine Frage von imminenter Wichtigkeit zu sein, die der Fahrer beantwortet zu haben wünschte, denn er wiederholte sie laut und – wie Sine fand – für einen Norweger ungewöhnlich gestenreich. Aus seinem Tonfall schloss sie, dass es sich um eine Frage handelte, auf die es nur zwei Antwortmöglichkeiten gab: ja oder nein. Sie entschied sich für die zweite Möglichkeit. Daraufhin verlangsamte der Mann die Fahrt und tat seine grenzenlose Verwunderung kund. Dann wiederholte er die Frage. Sine schwante, dass sie die falsche Antwort gegeben hatte, und antwortete diesmal mit ja. Daraufhin griff der

Fahrer ihr beherzt an die linke Brust. Den Trick mit dem Ellenbogen in den Solarplexus, den Sine daraufhin ausprobierte, brachte den Wagen ins Schlingern. Nachdem der Mann sich einigermaßen gefangen hatte, bewies er dann doch recht gute Kenntnisse des Englischen. Mit einem zutiefst gekränkten Ausdruck im Gesicht rechtfertigte er sich: »Aber ich habe Sie doch extra vorher gefragt!«

Diese Geschichte, obschon recht unheilig, enthält für all jene, die für ihr Leben gern per Anhalter reisen, die Genesis einiger Auto-fahrer-Gebote. Zusammen mit den anderen Geschichten, die Sine und ihr Klassenkamerad Max unterwegs erlebten, kamen sie insgesamt auf zehn.

1. Ich bin der Tramper, deine Unterhaltung.
2. Du kannst neben mir gern noch ein paar andere Tramper im Auto haben.
3. Du sollst nicht die Zentralverriegelung betätigen, nachdem ich eingestiegen bin.
4. Es wäre schön, wenn wir uns über die Fahrtrichtung einig wären.
5. Du sollst nicht Julio Iglesias hören.
6. Du sollst nicht morden.
7. Wie du es mit deiner Ehe hältst, ist mir egal. Aber mich lass aus dem Spiel.
8. Du sollst mich nicht irgendwo absetzen, von wo ich nicht wieder wegkomme.
9. Du sollst dich während der Fahrt nicht immerfort deiner rühmen.
10. Schön (in der Regel), dass es dich gibt.

Im Gegensatz zu den biblischen Geboten sind diese hier ein wenig in Vergessenheit geraten. Was mit der Reiseart zusammenhängt, für die sie einmal galten. Trampen als Reiseform ist vor allem ein Phänomen des 20. Jahrhunderts – so wie Plattenspieler, Mondflüge und die Dauerwelle für den Herrn oder – in einer Parallelwelt – 30 Jahre lang Urlaub am Wolfgangssee. Wer per Anhalter fuhr, hatte die Chance, seine vertrauten Kreise zu verlassen und in Umstände geworfen zu werden, von denen er vorher nicht einmal wusste, dass es sie gab. Jeder, der etwas auf sich und seinen Abenteuergeist gab, ist per Anhalter gefahren, aber es gab auch Menschen, die diese Art der Fortbewegung zur Kunstform erhoben.

Sine und Max schlossen am Tag ihrer letzten Prüfung zur Hochschulreife eine Wette ab: Wer bis zum Frühjahr des nächsten Jahres mehr Hauptstädte per Anhalter erreichen würde, hätte gewonnen. Als Nachweis sollte eine abgestempelte Postkarte aus der jeweiligen Stadt gelten. Max war aufgrund seiner abnorm hohen Dioptrienzahl von der Bundeswehr als untauglich ausgemustert worden und hatte deshalb Zeit. Die Missgünstigeren unter den Mitschülern spotteten, dass er die Länder, die er durchquerte, ohnehin nicht erkennen würde, räumten ihm aber gute Siegerchancen ein. Schließlich war es möglich, dass Sine das Bereisen gewisser als bedenklich einzustufenden Gegenden nicht unbeschadet überstehen würde. Auch in der zweiten Hälfte des 20. Jahrhunderts gab es noch einige europäische Gebiete, die zu durchqueren das Mitführen kleinerer Waffen notwendig machte, aber das gehörte ja zum Reiz der Zufallsreisen dazu. Sine und Max wetteten um die ersten drei Monatsmieten in der Stadt ihres zukünftigen Ausbildungsplatzes, und die ganze Stufe wettete mit.

 Ich war mir sicher, dass Sine bei der Sache im Vorteil war. Schließlich würde eine junge Frau viel häufiger mitgenommen werden. Wer hingegen Max in sein Auto einlud, der hatte entweder ein gut begründetes wissenschaftliches Interesse an genetischen Defekten oder ein Mutter-Teresa-Herz.

 Sine und Max verabredeten, sich an einem bestimmten Tag im April des nächsten Jahres im marokkanischen Essaouira zu treffen, und zwar in einem Restaurant, in dem man angeblich Wasserpfeife rauchen konnte. Eine Woche später machten sich die beiden auf den Weg.

▸

DAS PLANUNGS-PARADOXON

Es ist ein von der Forschung bislang vernachlässigtes Phänomen, dass das Trampen in Ländern, in denen hohe Planungssicherheit, Disziplin und Ordnung herrschen, eine viel größere Rolle gespielt hat als in Ländern, die von Haus aus chaotisch waren. Die Autobahnauffahrten und Raststätten waren im Europa der 1960er- bis 80er-Jahre voll mit Trampern aus Deutschland, den Niederlanden, England und Skandinavien. Abertausende von arbeitsskeptischen Jungreisenden mit bildungsbürgerlichem Hintergrund zogen die Fahrt ins Ungewisse ohne Vorbuchung und Reiserücktrittsversicherung einem durchgetimten Aufenthalt in Universitäten, Unternehmen und Elternhäusern vor. Sine war ein Paradebeispiel für diese Gattung Mensch: Aufgewachsen in einem ruhigen Hamburger Vorort, war sie von Kindheit an mit einem Stundenplan vertraut, der ihr ein höchstmögliches Maß an Selbstdisziplin abverlangte. Sine hatte nur zwei Möglichkeiten: sich darein zu fügen oder aber eine Karriere als Chaotin einzuschlagen, die ihr Glück nur auf Wegen finden konnte, für die es keinen Fahrplan gab. Sie wählte Letztere.

Mit Max verhielt es sich ähnlich. Nachdem seine Eltern einsehen mussten, dass eine Sehbehinderung nicht automatisch zum Ausgangspunkt einer musikalischen Laufbahn à la Stevie Wonder gerät, hegten sie die Hoffnung, ihr Sohn würde zumindest ein mathematisch-logisches Geschick entwickeln. So musste er jedes Jahr an »Jugend forscht«-Wettbewerben teilnehmen. Dabei und noch mehr während des ihm verhassten Physikunterrichts erkannte Max, dass Zeit in der Tat etwas total Dehnbares war.

Eine streng durchgeplante Kindheit im Wirtschaftswunderland, eine Jugend mit maximaler Katastrophenvermeidung – auch Max dürstete es jetzt, wo er endlich erwachsen war, nach Abenteuer und schrankenlosem Tun.

Warum in der zweiten Hälfte des 20. Jahrhunderts so wenige Jugoslawen und Sizilianer per Anhalter durch Europa reisten, könnte eine einfach Erklärung haben: Die Aussicht, von dem Angehörigen einer

anderen Ethnie oder einem wütenden Mitglied der Camorra nieder-
geschossen zu werden, scheint dem Wunsch, von Unbekannten mitgenommen zu werden, abträglich gewesen zu sein.

DAS BUCH DER KÖNIGE

Mit dem unbedingten Willen zur Rebellion ist die Begeisterung, fremde
Gegenden per Anhalter zu bereisen und grenzüberschreitende Erfahrungen zu sammeln, sicher nicht allein zu erklären. Vor allem nicht zwischen Rhein und Oder. Spätestens ab 1961 erregte das Thema Grenze
deutsche Gemüter. Die Mauer trennte Familien und setzte Gesell-
schaftssysteme sichtbar voneinander ab. Grenzen zu überwinden war
in der Folgezeit eine Aufgabe von politischer Dimension. Dass es dann
vor allem die Grenzen nach Norden, Westen und Süden waren, die
bundesrepublikanische Reisende überquerten, würden Anhänger der
Psychoanalyse als Übersprungshandlung bewerten. Fest steht: Grenzen
hatten im Bewusstsein der Deutschen einen negativen Beigeschmack.
    Die *Kings of the Road,* die in den Sechziger-, Siebziger- und Acht-
zigerjahren Autofahrer zum Anhalten bewegten, hatten aber noch ganz
andere Gründe für diese Fortbewegungsart. Die wichtigsten waren:
– Wer mit einem winzigen Budget lange Strecken abreißen will,
   hat nur die Wahl zwischen Trampen und Schwarzfahren.
– Schwarzfahren wird bestraft.
– Nirgendwo sonst kann man sich so grundlegend neu erfinden wie in
   einem geschlossenen Raum mit einem Unbekannten, der nichts
   über einen weiß.
– Man kann sich beim Trampen gut das soziale Nerdsein abtrainieren,
   schließlich lernt man alle paar Stunden jemand Neuen kennen,
   und zu dem sollte man möglichst nett sein.
– Man kann beim Trampen auf sehr interessante Leute treffen.
– Man kann seine Fremdsprachenkenntnisse ausbauen.

- Wer per Anhalter fährt, kann mit seinen Reifenwechselfähigkeiten oder sonstigen mechanischen Kenntnissen viel Anerkennung ernten.
- Trampen ist ein tolles Gefahren-Abwehr-Training – besonders für Frauen
- Es wird selten langweilig.
- Falls es dann aber doch mal langweilig wird (etwa bei einem zehnstündigen Aufenthalt an einer Autobahnauffahrt), muss man Mittel und Wege finden, um mit Hunger, Durst, Kälte oder Hitze klarzukommen, und da wird es dann ja meist wieder interessant.

All das führte natürlich zu einem anspruchsvollen Anforderungsprofil. Sollte die Tätigkeit des Trampers als Stellenangebot formuliert werden, sähe es folgendermaßen aus:

Gesucht werden für unsere europäischen Autobahnen
zum nächstmöglichen Zeitpunkt

ein(e) Tramper/in

Arbeitszeit: Vollzeit mit Gleitstunden

Ihr Aufgabenbereich: Pkw- und Lkw-Fahrer/innen anhalten und sie so unterhalten,
dass sie am Steuer nicht einschlafen.

**Ihre Qualifikation: Sie sollten idealerweise über Basiskenntnisse im Lesen von
Land- und Straßenkarten verfügen. Außerdem: verhandlungssicheres Englisch
(ausgenommen im Einsatzgebiet Frankreich; da nur Französisch), Verantwortungs-
und Reisebereitschaft, Teamfähigkeit sowie ein großes Maß an Flexibilität. Berufs-
erfahrung in vergleichbarem Umfeld, Grundkurs in Selbstverteidigung vorteilhaft.**

Wenn Sie diese Aufgaben reizen und Sie die Anforderungen erfüllen,
senden Sie uns bitte Ihre aussagekräftige Bewerbung.

Doch das Reisen per Anhalter befindet sich eben außerhalb eines Systems von Angebot und Nachfrage, überhaupt außerhalb jeder bis jetzt bekannten wirtschaftlichen Ordnung, und genau das ist es ja, was allen Beteiligten immer wieder aufregende Möglichkeiten eröffnet hat.

QUO VADIS?

Dass es das Dritte Reich gegeben hat, war deutschen Trampern im Ausland noch Jahrzehnte später sehr unangenehm. In Ländern, die im 20. Jahrhundert ihren eigenen Diktator gehabt hatten, wurde mit einem wissenden Lächeln über dieses Kapitel der Landesgeschichte hinweggesehen, in allen anderen (vor allem in Frankreich, den Niederlanden und England) gab es noch recht lange Gesprächsbedarf. Die einfachste Möglichkeit, sich als Deutscher Situationen zu entziehen, in denen man nicht mit einem kräftig ausgestoßenen *Heil!*, *Jawoll!* oder alternativ einem chaplinesk intonierten *Sauerkraut!* konfrontiert wurde, bestand darin, seine deutsche Herkunft schlichtweg zu leugnen, was aber auch irgendwie feige ist. Noch in den Achtzigerjahren überraschten einen viele französische Autofahrer mit der Mitteilung, sie wären in der *Résistance* organisiert gewesen, was man ihnen altersmäßig gar nicht ansah. Immerhin konnte man sich als Tramper die Situation dahingehend schönreden, dass Trampen auch der Völkerverständigung zuträglich ist und dass die Autofahrer in den ehemals von Deutschen besetzten oder bombardierten Gebieten am Ende erkennen würden, dass nicht alle Teutonen Vandalen sind.

Sine und Max hatten sich zwar nicht explizit darauf geeinigt, bei ihrer Wettreise die Länder des Warschauer Paktes auszulassen, aber es verstand sich von selbst, dass man da nicht einfach reinfuhr. Die Sache bedurfte immerhin komplizierter Vorbereitungen: Visum beantragen und bewilligt bekommen, eine bestimmte Menge Geld pro Aufenthaltstag vorweisen können, Handgepäck nach Kaugummi, Schokoriegeln und anderen kapitalistischen Propagandamitteln durchsuchen, bevor man sich einer der östlichen Grenzen näherte und dergleichen Unbill mehr. Geld war für die beiden ohnehin ein Problem, da sie keines hatten und nur hoffen konnten, unterwegs welches zu verdienen, im Tausch gegen ihre Arbeitskraft.

Um in möglichst kurzer Zeit möglichst viele Länder durchqueren zu können, bot sich natürlich die Strecke der Zwerge zwischen Belgien und Spanien an: Luxemburg, Liechtenstein, Monaco und Andorra. Sine war jedoch so klug, diese Route auf die weniger heißen Monate im Jahr zu verlegen und brach im Juni in Richtung Norden auf. Skandinavier, so erkannte sie aber spätestens nach dem Zwischenfall zwischen Oslo und Bærum, waren nicht durchgängig die gutmütigen Blondchen, deren sozialdemokratisch geprägter weicher Kern unter einer rauen Wikingerschale steckte, aber dafür war Norwegen das vollendete Tramperparadies, denn ein häufig verkehrendes öffentliches Nahverkehrssystem hätte bei nur einem Dutzend Einwohnern pro Quadratkilometer defizitär gearbeitet, weshalb die Norweger entweder trampten oder selbst mit dem Auto fuhren. Paradiesisch war Norwegen zumindest bis Oktober. Ab dann war die einzige Autobahn, die in den Norden des Landes führte, wegen Schneefalls gesperrt, und auch auf den Landstraßen fuhren Autos höchstens mal ins übernächste Dorf. Man tat als Tramper also gut daran, seinen Sommeraufenthalt nicht unnötig in die Länge zu ziehen, wollte man nicht einen Erfrierungstod sterben.

Max hingegen war seiner Zeit etwas voraus, als er beschloss, zu Beginn seiner Reise durch das damalige Jugoslawien zu ziehen. 20 Jahre später hätte er nach der Durchfahrt statt eines Landes fünf auf seiner Liste stehen gehabt.

FÜHRERSCHEINKONTROLLE IM KOSOVO

Wer als Tramper die westliche Zivilisation nicht verlassen wollte – und es gab vor allem für Frauen ein paar ganz gute Gründe, in Nordafrika und dem Nahen Osten keine Autos anzuhalten –, genoss im ehemaligen Jugoslawien den unbestreitbaren Vorteil, sich trotz europäischen Bodens in exotischer Ferne zu wähnen. Das lag zum einen daran, dass viele Frauen mit Kopftüchern unterwegs waren, und es lag zum anderen an der Schriftsprache, etwa den kyrillischen Buchstaben, die beim Durchqueren von Mazedonien plötzlich auftauchten und zu absurden Verständnisproblemen führten. Und natürlich an dem Umstand, dass man ein sozialistisches Land ohne den ganzen Warschauer-Pakt-Visums- und Devisenkram bereisen konnte. Nachbar Albanien war da etwas rigoroser. Um sich die unnötigen Mehreinnahmen durch Urlauber und andere Fremdlinge vom Hals zu halten, ließ man einfach keine Nicht-Albaner rein. Natürlich war es Touristen theoretisch trotzdem möglich, sich der langwierigen Prozedur eines Einreiseantrags zu unterziehen. Aber wer als Deutscher den wagemutigen Plan fasste, länger als 30 Tage in Albanien zu weilen, musste sich beim dortigen Migrationsamt melden. Nur Menschen, die zutiefst vom Kommunismus albanischer Prägung überzeugt waren oder aber unvernünftig verliebt, nahmen diese Prozedur auf sich. Max war weder mit dem einen noch mit dem anderen vertraut.

Er war die jugoslawische Westküste über Split und Dubrovnik heruntergetrampt und hatte eigentlich gehofft, über Albanien nach Griechenland einzureisen, aber da hatte er nicht mit der Fremdenskepsis gerechnet, die albanische Grenzbeamte an den Tag legen. Nicht einmal bestechen ließen sie sich. Max musste Albanien also weiträumig umfahren. Die Tour gestaltete sich schleppend, weil er zumeist von Bauern mitgenommen wurde, die nur ins nächste Dorf fuhren. Aber kurz vor Pristina hatte er Glück: Ein BMW mit deutschem Kennzeichen hielt, und darin saß ein Deutscher um die dreißig, der nach Thessaloniki wollte.

»Können Sie fahren?«, fragte er. Max bemerkte, dass er rote und entzündete Augen hatte. Die Frage war eindeutig. Er hatte nicht gefragt, ob Max einen Führerschein habe.

»Natürlich«, sagte Max und setzte sich ans Steuer. Er wusste so ungefähr, wie man die Gangschaltung bediente, seitdem er auf dem Schoß seines Vaters die Familienkutsche in die Garage gelenkt hatte. Damals war er allerdings erst sechs gewesen, und sein Vater hatte ihm die Hand geführt. Ein Rätsel waren ihm die Fußpedale, auch wusste er nicht, wo sich der Schalter für das Licht befand, aber noch war es ja Tag. Er blickte zu dem Fahrer, nun Beifahrer, hinüber, der sich – mit Blick in den Rückspiegel – eine helle Flüssigkeit in die Augen tropfte.

»Holla! Ein bisschen mehr Sanftheit verträgt der Wagen schon!« Der Mann sah aus, als ob er weinte, aber es waren nur die Augentropfen, die bei dem abrupten Start, den Max hingelegt hatte, danebengegangen waren.

Max wurde sehr heiß, und die sommerliche Außentemperatur war nicht dazu angetan, diesen Zustand zu verbessern. Immerhin hatte er mit dem rechten Fuß intuitiv das richtige Fußpedal gefunden und beschleunigte nun. Zum Glück war die Landstraße fast leer. Um herauszufinden, ob das linke oder das mittlere Pedal eine Bremsung einleiten würde, tastete er vorsichtig mit dem linken Fuß zwischen beiden hin und her. Auf einmal sah er, wie ein roter Fiat hinter ihm zum Überholen ansetzte, und schon sauste er an ihnen vorbei. Zwei Mädchen saßen darin. Sie hatten die Fensterscheiben heruntergekurbelt und sangen lauthals den Wham!-Hit *Bad Boys* mit. Max geriet noch mehr ins Schwitzen: An den Seitenspiegeln hatten die beiden jeweils eine Unterhose befestigt, die im Fahrtwind flatterte. Sein Beifahrer schüttelte den Kopf und deutete auf das Berliner Kennzeichen: »Manchmal muss man sich echt schämen, Deutscher zu sein! Was machen diese Mädels? Haben die einen mobilen Puff?«

Max versuchte, das Lenkrad gerade zu halten. Er hatte das seltsame Gefühl, dass der Wagen immer nach rechts zog, wenn er nicht dagegenhielt. Angst stieg in ihm auf, sein Puls raste, und jetzt beschlug auch noch die Scheibe, obwohl ein Fenster geöffnet war! »Ich glaube«, antwortete er, während er versuchte, seine Atmung zu kontrollieren, »dass die Mädchen einfach nur ihre Wäsche trocknen.«

Der Mann seufzte und schloss die Augen. Max hatte etwas Mühe, ihn einzuschätzen. Er war sicher zehn Jahre älter als er, Typ Geschäftsmann, der mit seinem an einem Bügel aufgehängten Jackett in Höchstgeschwindigkeit über die Autobahnen des Kontinents flog. Das Steuer seines BMW überließ er bestimmt nur im Notfall jemand völlig Fremden, vielleicht war dies sogar das erste Mal. Eine irre Euphorie blubberte in Max auf, er freute sich unendlich, dass er endlich Autofahren lernte, und das auch noch in einer solch malerischen Umgebung! Links und rechts ragten die Berge in den Himmel, auf einem Feld trieb ein alter Mann eine Schafherde vor sich her. Der Schweiß lief Max mittlerweile in Strömen über seinen Rücken, und sein Herz klopfte laut.

Auf einmal tauchte vor ihm ein Pick-up mit dem Länderzeichen YU auf. Max drückte auf das mittlere Pedal, die Geschwindigkeit des Wagens verringerte sich. Auf der Ladefläche erkannte er Käfige, in denen weiß-braun-gefleckte Hühner flatterten. Er bremste weiter, bis das Pedal den Boden berührte. Der Pick-up bewegte sich mit der Geschwindigkeit eines Langstreckenläufers vor ihm her.

»Warum fahren Sie so langsam?« Sein Mitfahrer hatte die Augen geöffnet und krauste die Stirn.

»Dieser Pick-up da.« Max deutete mit dem Kopf nach vorn. Er traute sich immer noch nicht, die Hände vom Lenkrad zu nehmen.

»Was soll damit sein? Überholen Sie doch!«

Max fühlte, wie ihm noch heißer wurde. Er hätte nicht gedacht, dass das möglich war. »Okaaay«, gab er zur Antwort.

»Wann haben Sie eigentlich Ihren Führerschein gemacht?«, wollte sein Mitfahrer wissen. »Sieht aus, als wäre das noch nicht so lange her!«

Max versuchte, nicht darauf zu antworten. Stattdessen schielte er links an dem Hühnerkäfigfahrer vorbei. Soweit er erkennen konnte, kam ihm niemand entgegen. Er scherte aus und drückte aufs Gaspedal. In diesem Augenblick wurde die Hitze unerträglich. Im Vergleich dazu war Fegefeuer ein milder Lufthauch: Auf der Gegenfahrbahn, auf der er gerade fuhr, tauchte ein jugoslawisches Polizeiauto auf.

Bei all den Geschichten, die seine Eltern und Großeltern zum Thema Trampen auf Lager hatten – nicht, dass es persönliche Erfahrungen gewesen wären –, rechnete Max damit, dass mindestens eine Nahtod-Erfahrung auf seinem Jahr unterwegs für ihn herausspringen musste. Und jetzt war es so weit. Das Polizeiauto kurvte auf den Sandstreifen, um einer Kollision mit dem BMW zu entgehen. Während Max an ihm vorübersauste, sah er, dass es wendete. In diesem Augenblick ertönte ein durchdringendes Alarmsignal.

Max sah, wie sein Gastgeber bleich wurde. »Halten Sie sofort an!«, forderte er. Aber ihm blieb ohnehin nichts anderes übrig, denn jetzt zog das Polizeiauto links an ihm vorbei. Als es unmittelbar vor ihm fuhr, gab ihm der Polizist, der am Steuer saß, ein Handzeichen. Max wusste auf einmal überhaupt nichts mehr. Nicht, wie er zu bremsen hatte, und auch nicht, wie er runterschalten musste, und dann überlegte er eine irre Sekunde lang, ob es in jugoslawischen Knästen immer nur Hammelfleisch geben würde oder auch mal was nach seinem Geschmack.

»Aber was machen Sie denn?«, rief der BMW-Besitzer aus. Max drehte den Schlüssel im Zündschloss um, und sie blieben stehen. Der Polizist tauchte an seinem Fenster auf und gab ihm zu verstehen, dass er seine Papiere sehen wollte.

Max hatte nur drei Papiere bei sich. Das erste war ein Liebesbrief, der ihm seit Anfang der elften Klasse im wahrsten Wortsinn am Herzen lag. Das zweite war sein grüner Reisepass, der international erkennbar dazu angetan war, Grenzen zu überwinden – aber nicht die der Geschwindigkeit. Das dritte war sein grauer Personalausweis. Er entschied sich für Papier Nummer drei.

Der Polizist blätterte in dem Ausweis, bis er auf die Seite mit dem Foto kam. Er bedeutete Max, sich so umzudrehen, dass er das Foto mit dem Original vergleichen könne. Max, hochrot im Gesicht, drehte sich zu ihm um. Der Polizist hielt die Hand auf und forderte 70 Dinar. Das war exakt die Summe, die Max in Triest eingetauscht hatte, davon hatte er aber schon etwas mehr als zehn ausgegeben. Er wühlte in seinem Portemonnaie und wartete auf ein Wunder. Das Wunder war der BMW-Fahrer. Der reichte dem Polizisten 100 Dinar und sagte laut und vernehmlich auf Deutsch: »Stimmt so.« Daraufhin reichte der Polizist Max seinen Personalausweis zurück, tippte an seine Mütze, stieg wieder in seinen Wagen und verschwand.

»Danke«, sagte Max, an seinen Mitfahrer gewandt.

»Danke, dass du jetzt aussteigst und dich nie wieder an einer Straße sehen lässt, auf der ich fahre!«, antwortete der spendable Geschäftsmann. Seine Augen waren immer noch knallrot. Max griff seinen Rucksack und stieg aus.

»Aber Ihr Auto ist toll!«, rief er, als der BMW anfuhr.

Die Staubwolke löste einen Hustenreiz bei ihm aus. Dann war der BMW in der Ferne verschwunden. Und Max hielt wieder den Daumen raus.

8B   Ⓢ   🇸🇪

Saab 900 Turbo

Hubraum:	1985 ccm
Zylinder:	4
Leistung:	107 kw/145 PS
Umdreh./Min.:	5000
Geschwindigkeit:	194 km/h
Länge:	4,74 m
Preis:	DM 29.050.–

a) De Tomaso   c) Mazda   d) Audi

6C   Ⓓ   🇩🇪

VW Golf GLS Cabrio

Hubraum:	1457 ccm
Zylinder:	4
Leistung:	51 kw/70 PS
Umdreh./Min.:	5600
Geschwindigkeit:	155 km/h
Länge:	3,82 m
Preis:	DM 17.389.–

a) Opel   b) Peugeot   d) Toyota

ENTROPIE IN SKANDINAVIEN

Die Hippie-Siedlung Freistadt Christiania in Kopenhagen war in den Achtzigerjahren ein idyllischer Ort, und zwar gleichermaßen für Kiffer wie für Astrid-Lindgren-Fans. Vor den bunt gestrichenen Holzhäusern im »Bullerbü«-Stil wogen wildbärtige Lasses grammweise schwarzen Afghanen ab, während blond bezopfte Amazonen Dorsch kochten, mit Bohrmaschinen hantierten oder mit Mini-Wikingern tobten.

Vor allem im Sommer strömten Bewunderer dieser kleinen Welt durch Christianias Straßen, wenn im nahen Roskilde Bässe und Gitarren röhrten und das Musikfestival Zehntausende Besucher aus ganz Europa anzog.

Christiania war Sines erstes Ziel, als sie an einem frühen Junitag zu ihrem Wettlauf gegen Max aufbrach. Sie zweifelte nicht daran, dass sie es noch am selben Abend erreichen würde, denn sie stand an der Autobahnauffahrt Hamburg-Stellingen Richtung Norden, und die war in gut informierten Tramperkreisen als Sprungbrett nach Skandinavien

bekannt. Tatsächlich hielt nur fünf Minuten später eine Citroën-Kasten-ente und nahm sie mit.

Der Fahrer – ein Student, dessen Forschungsinteresse Jim Morrison und dessen vermeintlichem Tod 1971 galt – wollte nach Neumünster abbiegen und setzte sie an der Raststätte Holmbrook ab. Später fragte sie sich, was wohl geschehen wäre, wenn der Jim-Morrison-Fan eine Liedlänge später den Rastplatz erreicht hätte, ob sie dann tatsächlich nach Christiania gereist wäre und unter welchen Umständen und mit wem. Das Reisen per Anhalter beweist auf unterhaltsame Weise, dass der zweite Hauptsatz der Thermodynamik mehr als nur eine Lektion im Physikunterricht ist. Alles beginnt mit einem Urknall oder einer Autobahnabfahrt – und das Chaos nimmt seinen Lauf. Sine traf auf einen Lastwagenfahrer, der nach Narvik in Norwegen hochfuhr, und da überlegte sie nicht lange, sondern stieg ein.

An diesem Abend konnte sie zwar keine Hauptstadt abhaken, dafür aber die ersten drei Länder auf ihrer Liste. Sie setzte mit Pit, ihrem niederländischer Chauffeur und dessen Lkw vom dänischen Helsingør nach Helsingborg in Schweden über und erreichte kurz vor Mitternacht die Grenze zu Norwegen. Pit konnte nach eigenem Bekunden die Strecke auswendig, rückwärts und mit geschlossenen Augen fahren, was er aber zum Glück nicht tat. Während der Regen an die Scheiben trommelte, unterhielten sie sich: Pit sprach von seiner Familie in der Nähe von Utrecht und dass er schon seit mehr als 20 Jahren Lkw fahre und wie sehr ihm das gefiele. Sine log, dass sie Kunststudentin sei. Sie fand Pit nett, beschloss aber, am nächsten Tag auszusteigen, sobald das Land nicht mehr in Regenmassen ertrank. Sie schliefen ein paar Stunden auf einem kleinen Rastplatz kurz vor Oslo, Pit auf seiner Liege, die sich hinter dem Fahrersitz befand, Sine streckte sich auf den Sitzen aus. Sie erwachte davon, dass der Regen gegen die Scheiben peitschte. Norwegen schien aus grauem, unendlichem Wasser zu bestehen.

»Ich kann dich noch weiter in Richtung Norden mitnehmen«, bot Pit ihr an. Sine, der in dem Moment keine vernünftige Beschäftigung außerhalb des Lastwagens einfiel, nahm die Einladung dankbar an.

Links und rechts der Fensterscheiben wurden die Berge höher und die Ortschaften seltener. Sofern sie das durch den dichten Regenschleier beurteilen konnte, der Pits Lkw umhüllte, war sie in einer Art Märchenwelt gelandet, in der endlose Wasserfälle von den Berggipfeln in die Ebene stürzten und über weite Teile des Tages kein Hinweis auf menschliches Leben zu erkennen war. Unter den Wolken kreisten Raubvögel. Ein Fluss strömte über mondfarbenes Gestein.

Pit lachte. »Es ist mein Schicksal, dass es immer dort regnet, wo ich bin. Ein Freund von mir, Douglas, meinte mal, ich wäre vielleicht ein Regengott, ohne es zu wissen. Tatsächlich holt meine Frau immer die Wäsche ein, bevor ich nach Hause komme. Und Douglas nimmt immer einen Regenschirm mit, wenn wir uns treffen. Aber Douglas ist ja auch Schriftsteller und hat eine lebhafte Fantasie.«

Am dritten Tag regnete es so stark, dass Pit die Heizung einschalten musste. Kurz vor Narvik verwandelte sich der Regen in Hagel. Pistolenkugelgroße Körner prasselten auf den Lkw ein. Der Lärm wurde so ohrenbetäubend, dass Sine das Ende von Pits Geschichte nicht mehr mitbekam, in der es darum ging, wie er als kleiner Junge in einem Regensturm an der Nordsee fast umgekommen wäre. Sie konnte jedoch von einem Happy End ausgehen.

»Willst du immer noch nicht aussteigen?«, fragte er grinsend, und Sine schüttelte den Kopf.

In einem Vorort von Narvik fuhr Pit auf ein Fabrikgelände. Für die Lkw-Ladung war hier Endstation. Sine hingegen hatte erst die Mitte ihrer Norwegenreise erreicht, oder was auch immer Mitte beim Trampen bedeutet, wenn die Reisende besser nicht zu sehr auf die Minute achten sollte und auch sonst einige Raum-Zeit-Gesetze nichts mehr galten – vom zweiten Hauptsatz der Thermodynamik einmal abgesehen. Sie fuhr die ganze Strecke mit Pit wieder zurück. Im südnorwegischen Bærum stieg sie im strömenden Regen wieder aus und sah zu, wie Pit mit seinem Lkw immer kleiner wurde, bis er nur noch ein Punkt am Horizont war. Eine Minute später riss die Wolkendecke auf, und eine strahlend nordische Sonne wärmte ihr Gesicht. Sie hielt den Daumen raus, und dann hielt der Typ, der angeblich kein Englisch sprach und Busen mochte, aber schon im übernächsten Auto saßen drei Norwegerinnen in ihrem Alter, die auf dem Weg zu ihrer Sommerhütte waren und Sine fragten, ob sie dort mit ihnen übernachten wolle.

Die Zeitfenster für Entscheidungen sind beim Trampen oft nur winzig klein. In Sekundenschnelle müssen sich die Reisenden entscheiden, ob sie in einen Wagen einsteigen oder nicht, ob sie diese oder jene Abzweigung wählen, um sich absetzen zu lassen. Ob sie einem anderen vertrauen können.

Sine überlegte überhaupt nicht. Sie sagte ja.

GRENZWERTIGE ERFAHRUNGEN

So wie Max aussah und gebaut war, wirkte er nicht einmal dann gefährlich, wenn er nicht ganz bei Sinnen war. Er war einfach nicht der Typ, der aggressiv werden konnte. Und sollte er doch einmal einen Kampf ausfechten müssen, so wäre dieser schnell damit entschieden, dass ihm jemand die Brille von der Nase riss. Umso verwunderlicher erschien ihm somit ein Erlebnis, das er kurz vor Negotino hatte, etwa eine Autostunde von der jugoslawisch-griechischen Grenze entfernt.

Es war früher Abend, er stand an einer Landstraße, an der ihn ein Schrotthändler abgesetzt hatte, und er hatte etwas Mühe, die Umrisse der Häuser und Fahrzeuge zu erkennen, was ausnahmsweise einmal nicht an seiner Sehschwäche lag. Der Schrotthändler hatte eine gemeinsame Alkoholzufuhr für dringend erforderlich gehalten, nachdem Max ihm beim Entladen seiner Fracht geholfen hatte. Geschätzte zwei Promille später hatten sie sich voneinander verabschiedet, als wären sie mindestens miteinander verschwägert. Max fühlte sich ohne seinen neuen Freund recht einsam, wie er jetzt so darauf wartete, dass ihn jemand mitnahm. Die Landschaft um ihn herum schwankte ein bisschen hin und her.

Die blonde Tramperin bemerkte er erst Minuten später. Ob er blind wäre, fragte sie ihn lachend auf Englisch, sie stünde schon seit einer kleinen Ewigkeit vor ihm, und er hätte sie überhaupt nicht bemerkt. Max entschuldigte sich damit, dass er in der Tat etwas verschwommen sähe. Das Englische hatte sich in einem dunklen Winkel seines Hirns versteckt, und die Worte kamen nur langsam daraus hervor. Das Mädchen lachte noch mehr. Wie er den Slibowitz denn so fände, den es in dieser Gegend gebe, wollte sie wissen. Max antwortete, dass er ihn ausgesprochen köstlich fand.

Okay, wir trampen jetzt gemeinsam, befand das Mädchen. Allein käme er in diesem Zustand nämlich niemals von hier weg. Ob er auch nach Griechenland wolle. Max meinte sich an einen solchen Plan zu erinnern. Ja, das wollte er.

Gut eine Stunde später hielt ein Wagen, in dem ein einzelner Fahrer saß. Das Mädchen unterhielt sich mit ihm in einer Sprache, die Max nicht verstand. Was auch immer die beiden miteinander beredeten, das Ergebnis war, dass sie einsteigen durften. Max setzte sich mit seinem Rucksack nach hinten, das Mädchen nach vorn, der Fahrer fuhr los. Kaum waren sie ein paar Meter gefahren, fielen Max die Augen aus dem Kopf. Der BMW-Fahrer! Er war es wieder – hatte er ihn denn gar nicht erkannt? Am hinteren Haltegriff baumelte an einem Bügel das bekannte Jackett. Aber was war mit seinen Augen, waren die immer noch so rot? Er beugte sich vor, um sie im Rückspiegel näher zu betrachten, aber er hatte das Gefühl, dass der Fahrer seinem Blick auswich. Warum eigentlich sprach der Mann nicht mehr Deutsch?

Er hörte, wie das Mädchen und er miteinander plauderten, und nach einer endlosen Weile ging ihm auf, dass die Sprache, in der das geschah, Holländisch war. Abermals versuchte er, den Blick des Fahrers zu erhaschen. Doch noch immer drehte sich sein alter Bekannter nicht um.

Das Gespräch vorn verstummte, und eine eigenartige Stimmung breitete sich aus. Das Mädchen schwieg, der Fahrer schwieg, und so tat Max es ihnen gleich und blieb ebenfalls stumm. Draußen ging die

Sonne über ausgeblichenen Feldern unter. Dunkle Schatten füllten den Wagen. Die Tramperin stellte dem Fahrer jetzt doch eine Frage, und er antwortete darauf knapp. Dann drehte sich das Mädchen zu Max um. Es sei jetzt nur noch eine Viertelstunde bis zur griechischen Grenze, strahlte sie. Leider würden sie gleich aussteigen müssen, weil der Herr kurz vorher hielte, aber wenn sie Glück hätten, könnten sie heute abend schon in Griechenland sein! Max strahlte zurück: »Das ist fein!«

Und dann geschahen zwei Dinge gleichzeitig: Der Mann brach in Gelächter aus. Und Max erkannte, dass er überhaupt nicht der BMW-Fahrer von neulich war. Er war lediglich ein niederländischer Geschäftsmann in der international gültigen Kluft eines Geschäftsmanns, der ebenfalls ein schickes Auto fuhr.

»Mein Gott, Sie wissen gar nicht, was mir in der letzten halben Stunde alles durch den Kopf gegangen ist!«, sagte er auf Deutsch, sodass Max ihn jetzt verstand. »Ich dachte, was guckt mich der Typ auf dem Rücksitz immer nur so komisch an? Und warum spricht er kein Wort? Ich dachte ja, Sie wären auch Holländer! Einer, der mich ausrauben will, mein Auto entwenden, mich umbringen, was weiß ich!«

Max war so verblüfft, dass es ihm erneut die Sprache verschlug. »Ach so?«, fragte er endlich.

Die Tramperin und der Fahrer lachten. »Ja, man weiß doch nie heutzutage«, sagte der Fahrer. »Im Norden Hollands ist seit einiger Zeit ein Tramper unterwegs, der Autofahrer abschlachtet. Ein Bekannter von mir hat ihn neulich höchstwahrscheinlich mitgenommen. Nachdem der Typ ausgestiegen war, hat mein Bekannter ein langes Messer im Fach seiner Beifahrertür gefunden. Mit Blutspuren daran, stell dir vor!«

Max lächelte entschuldigend. »Das tut mir ehrlich leid.«

»Na, du kannst ja nichts dafür«, entgegnete der Mann. »Hoffe ich jedenfalls.«

Vor einem Gasthof, in dem der Holländer übernachten wollte, stiegen sie aus und stellten sich an die Straße, obwohl es jetzt schon richtig dunkel war und sie eigentlich nicht darauf hoffen konnten, noch mit-

genommen zu werden. Aber nur kurze Zeit später trat ein anderer Holländer aus dem Gasthof heraus, ging auf sie zu und fragte, ob sie mit nach Thessaloniki fahren wollten. Er hätte von einem Landsmann gehört, dass sie in Ordnung wären und witzig und harmlos obendrein.

Max freute sich. Wie nett von diesem holländischen Fahrer, dass er nach einem Anschlusslift für sie gesucht hatte! Aber dass er seinen Ruf als netter Junge immer noch nicht los geworden war, enttäuschte ihn irgendwie auch.

RAUSCHHAFTES SKANDINAVIEN

»Es ist verhältnismäßig einfach, Dänen von Schweden zu unterscheiden«, erklärte Thore, in dessen Wagen Sine in Schonen eingestiegen war. Ob Thore selbst Däne oder Schwede war, hatte sie noch nicht herausgefunden. Er sprach ein skandinavisch gefärbtes Deutsch, das sich sehr niedlich anhörte. Und er war wohl Hundeliebhaber, denn auf der Rückbank des Volvos hechelte eine Dogge mit Mundgeruch. Es war nicht so, dass Sine Hunde generell ablehnte. Aber männlicher Fahrer plus potenziell aufbrausendes Haustier – das behagte ihr nicht besonders. Eine solche Kombination verlangte noch mehr Aufmerksamkeit von ihr als sonst. Thore wirkte jedoch freundlich, und so ging Sine davon aus, dass seine Dogge es ebenfalls war.

Schweden seien begeisterte Trinker, erklärte Thore. Während Dänen begeisterte Kiffer und begeisterte Trinker seien. Wie zum Nachweis seiner eigenen Staatsangehörigkeit beugte er sich vor, um im Handschuhfach zu wühlen.

Augenblicklich schoss die Dogge hervor.

»Oh, habe ich vergessen«, meinte Thore. »Wenn ich das raushole, dreht Lotta durch.«

»Du könntest mir ja beschreiben, worum es sich handelt«, entgegnete Sine. »Lotta versteht doch bestimmt kein Deutsch?«

»Lotta versteht nur Finnisch. Sie gehört meiner Freundin. Oder vielleicht Ex-Freundin. So genau weiß ich das noch nicht.«

Und er begann, Sine die Geschichte seiner Beziehung zu Helmi zu erzählen. Wie sie sich in Fjällbacka kennengelernt hatten, einen schwedischen Urlaubsort, dessen erotisches Urlaubspotenzial schon Ingrid Bergman zu würdigen gewusst hatte, und wie er und Helmi dann zwei Jahre lang eine Fernbeziehung geführt hätten, aber Fernbeziehung bei aller Liebe, das sei nicht so Thores Ding, vor allem eine Fernbeziehung mit einer Finnin nicht.

Was denn an Fernbeziehungen mit Finninnen so schwierig sei, wollte Sine wissen. Thore erklärte, dass sie extrem schweigsam seien. Zuerst hätte er es irgendwie sexy gefunden, dass Helmi am Telefon mehr seufzte als sprach, aber irgendwann wurde er es müde, den Alleinunterhalter zu spielen. »Ich hatte das Gefühl, ich liebe einen Geist«, erläuterte er. Jetzt wollten er und der finnische Geist es aber noch einmal wissen. Darum träfen sie sich heute Abend in Fjällbacka. Dort würde er ihr Lotta wiederbringen, die er einen Monat lang gehütet hatte, weil Helmi wollte, dass er einen Monat lang etwas von ihr bei sich habe. Dass es sich dabei um ihre Dogge handeln würde, hatte er zum Zeitpunkt ihres Vorschlags nicht gewusst.

Sine entspannte sich. Thore wirkte sehr freundlich, und auch vor der Dogge fürchtete sie sich nicht mehr. Jemand, der Lotta hieß, konnte sicher nur harmlos auftreten. Sie dachte an das Kinderbuch, das sie als Sechsjährige gelesen hatte: *Lotta zieht um*. Dann betrachtete sie nur noch die Landschaft, die draußen vorbeizog. Laut Straßenkarte war sie auf dem falschen Weg, wenn sie nach Stockholm wollte, denn statt über Jönköping zu fahren, rollten sie nun die schwedische Westküste hoch in Richtung Göteborg. Aber es war wie verhext: Das Gefühl, dass sie mit einem Fahrer unterwegs war, vor dem sie nichts zu befürchten hatte, und das monotone Autogeräusch ließen sie immer schläfrig werden. Alles wurde egal – die Fahrtrichtung, der Ort, an dem sie heute nächtigen würde, und erst recht, was sich in diesem Handschuhfach befand.

Sie wachte erst wieder auf, als Regen auf die Scheiben prasselte. Einen Moment lang glaubte sie, wieder im Lastwagen des Holländers zu sein, aber dann sah sie, wie dieser Thore sie anlächelte. »Beim Trampen kriegt man nicht so viel Schlaf, nicht?«

Sine schüttelte den Kopf. »Wo sind wir?«

»Fast angekommen. Soll ich dich am Campingplatz absetzen?«

Sine zögerte. Sie hatte ja kein Zelt, und bei dem Regen suchte sie sich lieber eine Scheune. »Ich komme mit ins Stadtzentrum«, sagte sie. »Von dort aus finde ich schon was.«

Das Stadtzentrum von Fjällbacka bestand aus einer Ansammlung bunter Holzhäuser, einer Hauptgeschäftsstraße und einem erhöhten Parkplatz mit Nordseeblick. Zum Abschied wünschte sie Thore viel Glück. Dann schulterte sie ihre Tasche und machte sich auf den Weg in Richtung Wasser. Es hatte zu regnen aufgehört, und jetzt riss die Wolkendecke auf. Sine erkannte, dass draußen im Wasser ein Schärengarten lag. Hunderte von Felsen ragten aus dem glitzernden Wasser. Sine wanderte die Straße hinunter und stieg dann auf eine Anhöhe hinauf, von der aus sie den Schärengarten im Skagerrak überblicken konnte. Dann setzte sie sich hin. Ein Gefühl stieg in ihr auf, das ihr die Luft nahm. Ihr war, als hätte sie nie ein größeres Glück verspürt: Hier war sie, an einem weiteren Ort, der so schön war, dass es ihr den Atem raubte, und vielleicht würde sie morgen wieder woanders sein. Die Zeile eines Gedichts fiel ihr ein, die sie in ihr Tagebuch notiert hatte:

»I don't know where I'll be tomorrow, but I know I'm on my way.«

Es war der Hunger, der sie zurück ins Zentrum des Städtchens trieb. Sie wusste nicht genau, wie spät es war, aber die Bäcker und Kaufleute von Fjällbacka hatten augenscheinlich beschlossen, den Feierabend einzuläuten. Einzig ein Restaurant mit gesalzenen Preisen bot Nahrung feil. Sie wollte sich schon seelisch darauf einstellen, dass dies einer jener Tage war, an denen sie auf Essen verzichten musste, da hörte sie, wie jemand ihren Namen rief. Es war Thore mit einer Flasche Wodka in der Hand. Also vielleicht doch Schwede, dachte sie.

»Willst du mitfeiern?«, fragte er. »Helmi hat eine Party organisiert, und es gibt was Gutes zu essen, eine Freundin von ihr ist die Köchin hier im Ort.«

Fleischklößchen und Pfefferkuchen – die ganze entzückende Pippi-Langstrumpf-Menükarte schoss ihr durch den Kopf. Und tatsächlich sah das Haus, das sie nun betraten, ein bisschen wie Pippis Villa Kunterbunt aus, nur dass auf der Veranda statt eines Pferdes die Dogge stand. Die Gäste drinnen tranken fröhlich Alkohol und redeten wild durcheinander. Nur eine blonde zarte Person auf dem Sofa winkte Thore schweigend zu. Thore ging zu ihr und küsste sie – das musste also Helmi sein. Auf dem Büfett in der Küche stand ein riesiger Gratin, der mit stark riechenden Sardellen bedeckt war – von Fleischklößchen keine Spur. Dafür fand Sine auf einem kleinen Tisch im Wohnzimmer eine Schale mit sechs Pfefferkuchen. Es war Sine zwar etwas unangenehm, aber das flache, offensichtlich selbst hergestellte Gebäck schmeckte so lecker und ihr Hunger war mittlerweile so groß, dass sie alle sechs verspeiste. Sicherlich hatte die schwedische Köchin mehr als nur sechs Gebäckstücke im Ofen gehabt. Dann setzte sie sich in einen Sessel und sah den anderen zu. Sah, wie Thore sich um sich selbst drehte und immer wieder fragte: »Aber wo können sie denn sein? Nein, ich habe sie hier hingetan, das weiß ich genau! Nein, ich habe mir nicht eingebildet, sechs Haschkekse mitgebracht zu haben, ich habe sie ja schließlich eben noch aus dem Handschuhfach geholt!«

An den Rest des Abends kann sich Sine nur noch schemenhaft erinnern. Die Party verrauschte zu einem riesigen Farbenspektakel, aus dem einzelne Stimmen herausragten. Thore, der sehr böse auf sie war. Helmi, die immer noch lächelte, schweigend wie eine Sphinx. Eine überwältigende Anzahl von tanzenden Blondinen. Seltsamerweise konnte sie sich nicht mehr aus dem Sessel erheben. Sie fühlte sich wie angeklebt darauf. Zwischendurch dachte sie, dass Thore wohl doch Däne war. Und dass er recht hatte, was die Redseligkeit von Finnen betraf.

Als sie zwei Tage später bei Tornio nach Finnland einreiste, begannen zwei unglaublich entspannende Wochen für sie, denn tatsächlich wollte so gut wie keiner der Fahrer, der sie mitnahm, ein Gespräch mit ihr beginnen. Nie wieder im weiteren Verlauf ihrer Reise per Anhalter durch Europa sollte sie eine so ruhige Zeit erleben. Aber das wusste sie natürlich zu diesem Zeitpunkt noch nicht.

▸ REISEN OHNE RÄDER

Max hatte keine rechte Ahnung, welchen Ort er als nächstes ansteuern sollte, aber er stand günstig an einer Küstenstraße im Süden der Türkei und hörte die Wellen rollen, während er den Daumen raushielt. Er stand ziemlich lange. Die Autos rasten einfach an ihm vorbei. Höher und höher stieg die Sonne. Max wurde klar, dass mit zunehmendem Schweißpegel die Chancen, mitgenommen zu werden, schwanden, also kletterte er über die Leitplanke, die die Küstenstraße von einer schwindelerregenden Tiefe trennte und kletterte über Felsen und Geröll zum Strand hinab.

Als er wenig später erfrischt und gesäubert vom Schwimmen im Meer wieder an der Straße stand, hielt ein Auto mit türkischem Kennzeichen. Darin saßen aber zwei Deutsche, einer davon mit eingegipstem Arm. »Geht es zufällig nach Kaş?«, wollte Max wissen. Er hatte gehört, dass Kaş ein besonders hübscher Ort an der Küste sein sollte, mit verwinkelten Straßen, in denen die Männer saßen und über einem Schachspiel grübelten, einem Hafen und netten Restaurants.

»Nach Spanien«, entgegnete der Fahrer lakonisch, dessen Arm nicht eingegipst war. Max überschlug im Kopf die Hauptstädte, durch die er fahren würde, wenn er sich den beiden anschlösse. Er hatte die Superzahl gezogen. »Wahnsinn!«, lachte er. »Nehmt ihr mich mit?«

Der Fahrer und er tauschten Blicke im Rückspiegel. »Kannst du denn segeln?«

»Segeln?« Max blickte sich irritiert in dem alten Otosan um, bevor er schaltete. »Ihr habt ein – Boot?«

Jetzt lachte der Fahrer. »Na klar. Das hier ist nur die Mietgurke. Mein Kumpel hat sich den Arm gebrochen, da sind wir ins Krankenhaus gefahren.«

Jetzt ließ sich der Beifahrer vernehmen. »Du, Jens. Das ist eigentlich gar keine schlechte Idee, dass der Typ mitkommt.«

Der Fahrer jagte den Wagen um die Kurven. »Noch hat er uns aber nicht gesagt, ob er segeln kann.«

Max räusperte sich. »Ihr könnt mich gern direkt fragen, wenn ihr wollt.«

»Dann erzähl. Wir brauchen jemanden, der Nachtwachen übernehmen kann. Der weiß, wie man ein Segel setzt. Der Logbucheinträge vornehmen kann. Und all so was.«

»Kein Problem. Vielleicht müsst ihr mir am Anfang noch das eine oder andere zeigen, weil es ein paar Jahre her ist, dass ich regelmäßig gesegelt bin, aber ansonsten echt kein Problem!« Max rieb sich die Hände. Ein Trip von hier nach Spanien, einfache Fahrt ohne Umsteigen, das war ja der Traum schlechthin! Zwar wurde ihm leicht mulmig bei dem Gedanken an den einzigen Segeltörn, den er in seinem Leben je gemacht hatte, und zwar mit seinem Schulfreund Torsten und dessen Eltern auf der Hamburger Alster, als er in der fünften Klasse war, aber er verdrängte diese Erinnerung rasch wieder. Damals hatte er bei einer Halse oder wie dieses Manöver hieß, den Balken, der in der Mitte des Bootes wenig kindersicher baumelte, an den Kopf bekommen und war über Bord geworfen worden. Das war aber auch wirklich ein anspruchsvoller Törn gewesen. Schließlich galt die Alster mit ihren wechselnden Winden – so hatten es ihm zumindest Torstens Eltern versichert – zu den schwierigsten Segelrevieren weltweit.

Die Yacht hier war weiß und geschmackvoll, mit einer Kombüse aus Teakholz und drei kleinen Kojen. Max konnte sein Glück kaum fassen, als er feststellte, dass er somit eine Koje für sich allein haben würde. Jens erzählte ihm, dass er und sein Kumpel Frank auf Weltreise unterwegs waren und von Spanien aus zu einer Atlantiküberquerung starten wollten. Nach Franks Unfall hatten sie damit gerechnet, erst einmal eine Weile in Kaş bleiben zu müssen, aber dank Max konnten sie dann ja doch noch am selben Abend auslaufen. Jens öffnete eine Dose Linsensuppe, wärmte sie auf und richtete drei Teller an. Nach dem Essen zeigte er Max die Seenot-Funkboje, auf der man Knöpfe drücken konnte, je nach Katastrophenart: Brand, Kollision, Sinken und so weiter. Max fragte, was denn passieren würde, wenn er aus Versehen den falschen Knopf betätigte. Jens erklärte, dann müsste er eine Strafe zahlen. Als Max sich vorstellte, wie er sich bei den Rettungshelfern dafür entschuldigen musste, dass das Sinken nicht durch die Kollision, sondern durch einen Flächenbrand bedingt war, musste er lachen, aber das verging ihm rasch, als sie kurze Zeit später ablegten. Der Wind blies aus Westen mit Stärke 4, und der Seegang war so heftig, dass Max ziemlich eindeutig spürte, wo sein Magen saß. Sie verließen die Marina mit Großsegel und Genua kurz vor Sonnenuntergang. Max versuchte, Jens' Anweisungen zu folgen, was schwierig war, da er die Segel nicht voneinander unterscheiden konnte und auch den Befehl »Klar zur Wende« nicht so umsetzte, wie es Jens' Wunsch entsprach. »Darf ich mal fragen, wo du Segeln gelernt hast?«, brüllte Jens, der am Steuer stand, durch den Lärm der flatternden Segel. »Wenn du noch nicht mal den Unterschied zwischen Luv und Lee kennst?«

Max blickte zur Küste hinüber. Noch konnte er die Lichter der kleinen Hafenstadt so gut erkennen, dass die Jungs ohne Weiteres wieder kehrt machen konnten. Er musste sich also etwas ausdenken. Rasch.

»In Italien!«, brüllte er zurück. »Ich habe die vergangenen Jahre in Italien gelebt. Wenn du mir die ganzen Segelsachen auf Italienisch sagen würdest, könnte ich sie verstehen!«

»Ich kann kein Italienisch!«, schrie Jens. »Aber wenn du das sprichst – umso besser! Wir werden in Sizilien anlegen, dann kannst du das mit den italienischen Behörden angehen.«

Es wurde dunkel, und sie legten die Rettungswesten an. Frank erzählte, dass sie in diesem Augenblick über eine versunkene byzantinische Stadt segeln würden, die nach einem Seebeben untergegangen war. Max versuchte zu nicken und interessierte Fragen zu stellen, aber er musste in einer Tour gähnen. Der Schlafdrang des Jahrhunderts überwältigte ihn.

»Du wirst doch wohl nicht etwa nach Ralph rufen?«, grinste Frank.

Max entgegnete, dass er keinen Ralph kennen würde.

»Kennst du nicht den Ausdruck, ›Shouting for Ralph‹? Sagen die Briten, wenn sie seekrank werden. *Raaaaalph* – das ist ein Onomatopoetikon. Klingt doch wirklich, als ob einer kotzt!«

Max nickte schwach. »Ich bin bloß müde. Total kaputt. Die letzten Tage auf den türkischen Landstraßen, das war kein Spaß.«

»Dann leg dich in die Koje«, bestimmte Jens. »Ich weck dich um zwölf zur Nachtwache. Sei bis dahin möglichst fit.«

Fit? In nur vier Stunden? Max begann, diesen Teil der Reise zu verfluchen. Wäre er doch nur auf der Straße geblieben! Das hier ergab doch keinen Sinn!

In seiner Koje rollte er den Schlafsack aus, aber er fand keinen Schlaf. Direkt neben ihm rumorte der Motor, den Jens zusätzlich laufen ließ, um besser manövrieren zu können, weil das Gewässer hier stellenweise so seicht war und er Angst hatte, in eine byzantinische Tempelanlage zu krachen oder gegen irgendeinen antiken Turm. Es stank bestialisch nach Diesel. Leider konnte Max nicht lüften, weil sich die Yacht von einer Seite auf die andere legte und die Luken verschlossen bleiben mussten. Gegen halb zwölf schlief er endlich ein, nur um kurze Zeit später von Jens geweckt zu werden. Er kletterte nach oben an die frische Luft. Hier war der Drang, sich zu übergeben, schon weniger überwältigend. Zum Glück leistete Frank ihm Gesellschaft, wenn auch schweigend. Max nahm an, dass Jens ihn dazu gezwungen hatte, weil er Max' Ruderkünsten nicht traute. Stunde um Stunde verstrich auf dem kabbeligen Wasser, ohne dass Frank ein Wort sprach. Am Horizont kündigte sich eine erste Ahnung von Tageslicht an, als Frank plötzlich mit einem Aufschrei an die Reling sprang und sich übergab. Der Anblick gab Max den Rest, und nun stürzte er ebenfalls an die Reling, um die Fische zu füttern. Eine Bewegung an seinem Pulli ließ ihn innehalten. Frank – immer noch grün im Gesicht – bat ihn, davon abzusehen, nach

Luv zu kotzen, er möge von der Linsensuppe, die es am Abend gegeben hatte, bitte verschont bleiben.

»Grundregel Nummer eins«, grinste Frank später, als Max wieder seinen Platz am Steuer eingenommen hatte. »Erbrechen immer nach Lee, also in die Richtung, in die der Wind weht. Du hast keine Ahnung vom Segeln, stimmt's?«

Max nickte zerknirscht.

»Ist okay, ich werd's nicht weitersagen. Ganz cool, dass du an Bord bist, ist manchmal eintönig zu zweit.«

»Jens leidet überhaupt nicht unter Seekrankheit, oder?«, wollte Max wissen.

Frank lächelte wissend. »Einmal, als wir auf dem Pazifik unterwegs waren, hatten wir ein paar sehr unruhige Tage. Ich habe gesehen, wie Jens – jeder Zoll ein Mann – gegen die Übelkeit angekämpft hat, bis er blau und schließlich grün anlief, um endlich mit einem gewaltigen Kung-Fu-Schrei gen Lee zu hechten, wo er in einem einzigen Schwall alle Mahlzeiten des Tages erbrach. Später hat er sich über meine Kochkünste beschwert und gemeint, dass das Konserven-Gemüse sein Verfallsdatum überschritten hätte.«

Max lachte so sehr, dass Jens den Kopf zur Luke herausstreckte und ankündigte, er würde nun wieder übernehmen.

So ging es die nächsten Tage weiter. Noch immer hatte Max ein enormes Schlafbedürfnis. Ihm war, als fielen alle Anstrengungen des Straßenlebens von ihm ab. Er träumte von Autos, die ihn überfuhren; Fahrer, die ihn irgendwo in der Walachei absetzten, von leeren Landstraßen, davon, dass er ausgeraubt wurde, und manchmal träumte er auch, er stünde in einem schaukelnden Haus auf dem Balkon, drinnen ein Autofahrer, der ihn nicht hereinlassen wollte. Im Traum kalkulierte Max den richtigen Neigungswinkel, um die Balkontür zu öffnen und den bösen Autofahrer mit einem raschen Griff vom Balkon zu befördern. Es gelang, und so wurde er zum Mörder im Schlaf.

Sie segelten um Sizilien herum nach Norden und ankerten vor der liparischen Insel Salina. Hier füllten sie ihren Proviant auf und ver-

brachten die Tage mit Schwimmen, Lesen und Schlafen. Abends ließen sie das Dingi zu Wasser und ruderten damit an Land, wo sie etwas tranken und mit ausgesprochen hübschen und zugewandten Mädchen flirteten. Insbesondere Frank war erfolgreich, was Jens auf den kaputten Arm schob und auf das bei Frauen leidlich bekannte Helfersyndrom.

Die Albträume wurden weniger. Max schwebte im Sauerstoffrausch. Kurz hinter Sardinien beherrschte er den Palstek-Knoten. Er las nun regelmäßig im Segelhandbuch, konnte anluven, fieren, Segel dicht holen, gegen Böen steuern und wusste jetzt auch in der Praxis, was eine Halse ist. In der Marina von Porto Colom auf Mallorca kauften er und Frank sich das gleiche T-Shirt und beglückwünschten sich noch Tage danach zu dem gelungenen Kauf. Dann kam das spanische Festland in Sicht.

Kurz nachdem sie die Straße von Gibraltar passiert hatten, nahm der Wind zu, und sie setzten die Fock. Viel schneller als erwartet erreichten sie die Mündung des Guadalquivir.

Mitte der Achtzigerjahre sah es für kurze Zeit so aus, als würde Yacht-Trampen das schon etwas in die Jahre gekommene Anhalten von Personenkraftwagen ablösen. Deutsche Zeitschriften veröffentlichten Reportagen über Abenteurer, die sich jahreszeitlich günstig an Häfen mit Atlantikzugang positionierten und sich die Überfahrt mit Wachen, Schrubben, Kochen, Reparaturen und Segelsetzen erarbeiten. Der Lift per Yacht hat einige Vorteile: Das Reiseziel, wenn man so an Häfen herumsteht, ist viel offener als an Landstraßen und Autobahnen, die Wege oftmals weiter, außerdem atmet man deutlich bessere Luft. Auf der anderen Seite ist die Reise auch etwas riskanter, denn wer mit einem Gewaltverbrecher in einem Auto sitzt, hat oft noch die Chance, einfach hinauszuspringen. Anders verhält es sich naturgemäß auf dem offenen Meer.

Als Max mit Jens und Frank drei Wochen später den Guadalquivir hochtuckerte und schließlich im Yachthafen von Sevilla anlegte, wusste er aber vor allem eins: Seine nächste lange Reise würde er mit dem Segelboot machen, und dann nicht mehr nur in Europa, sondern durch die ganze Welt!

Nachdem ein Arzt in Sevilla Franks Arm vom Gips befreit hatte, brachen die beiden Segler ohne Max zu den Kanaren auf. Hier wollten sie bis Mitte Oktober warten. Eine Atlantiküberquerung im Sommer nämlich sei wegen der Hurrikan-Gefahr glatter Selbstmord, erläuterte Jens. Außerdem überlegte er, dort erneut einen Yacht-Tramper an Bord zu nehmen, diesmal aber einen, der das Metier beherrschte. Sie planten, Valle Gran Rey auf La Gomera anzulaufen, diesen Sprungbretthafen für transatlantische Ziele, der in Yacht-Tramper-Kreisen für seine tolle Verkehrsanbindung bekannt ist.

An ihrem letzten Abend kletterten die drei die Kaimauer an der Marina hinauf und wanderten in die Innenstadt. Dort tranken sie etwas, das Max zu Hause nicht im Traum geschluckt hätte: Rotwein mit Brause, aber hier hieß es *tinto de verano* und schmeckte so seltsam, wie es klang. Sie gingen in eine Flamenco-Bar und stellten fest, dass die Mädchen von Sevilla noch hübscher waren als die aus Salina.

Als der Tag rot heraufzog, mietete sich Max in einem billigen kleinen Zimmer ein, in dem er 20 Stunden lang durchschlief, dann durchwanderte er die Stadt in nordwestlicher Richtung, an hellen Kathedralen und palmengeschmückten Plätzen vorbei, um auf die E 803 zu gelangen. Sein nächstes Ziel hieß Madrid.

BUNTE REPUBLIK DEUTSCHLAND

Der deutsche Verhaltensforscher und Graugans-Liebhaber Konrad Lorenz hat die These vertreten, das Zusammenleben gleichartiger Lebewesen auf engem Raum fördere Aggressionen. Hierin unterscheiden sich die Südseefische nicht von den Mitgliedern einer mitteleuropäischen Durchschnittsfamilie in der Weihnachtszeit. Entsprechend vorteilhaft wirkt es sich aus, nicht in Gruppen zu trampen, sondern – wenn möglich – allein. Als dritter Mann oder unsichtbarer Dritter einem unbekannten Schicksal entgegenzueilen, ist ja schon in Filmhandlungen von einiger Bedeutung. Wo in der Fiktion das Auftauchen einer dritten Person jedoch erotische Konflikte der vergnüglichsten Art auslöst, können Auto fahrende Paare in der Realität von der Präsenz eines neutralen Zuhörers durchaus profitieren. Der Polarität der zwei wird eine Mitte gegeben, Harmonie kann Einzug halten – das beweisen ja schon die drei Akkorde Oktave, Quinte und Terz in einer als harmonisch empfundenen Melodie. Als Sine kurz hinter Flensburg in einen Wagen stieg, in dem ein Mann mit seiner Frau stritt, wusste sie, dass sie sich jetzt nicht einfach auf ihrer Rückbank zurücklehnen durfte. Und so begann sie zu erzählen: von ihrer Zeit in Skandinavien, und wie sie in einer Hütte mit vier Norwegerinnen gewohnt hatte, doch damit schüttete sie zunächst

nur Öl ins Feuer, denn die Beifahrerin erklärte mit anklagendem Blick auf ihren Mann, so viel Spaß wolle sie auch gern einmal haben. Sine versuchte zu vermitteln, was nicht leicht war, denn das Paar redete komplett aneinander vorbei. Es stellte sich heraus, dass beide dasselbe wollten, und das versuchte Sine ihnen von der Rückbank her klar zu machen. Kurz vor Schuby drehte sich die Frau zu ihr um und äußerte gesteigertes Genervtsein angesichts dieser massierten Versöhnlichkeit. Der Mann witterte daraufhin wohl die Chance, bei seiner Angetrauten punkten zu können, denn er bemerkte, dass es wohl besser sei, die Tramperin wieder abzusetzen, damit der Unfrieden ein Ende habe. Da die nächste Raststätte noch in weiter Ferne war, fuhr er in Schuby ab und ließ Sine auf der Landstraße in Richtung Fahrdorf stehen. Sine hatte erreicht, was sie wollte: eine Versöhnung zwischen den Eheleuten. Nur hatte sie sich die anders vorgestellt.

Wenig später tuckerte sie mit einem schweigsamen Traktorfahrer Eckernförde entgegen. Der unvorhergesehene Richtungswechsel stimmte sie froh, schließlich war es immer noch August, die Sonne schien, und sie konnte ihren Schlafsack am Strand ausrollen. Von ihrem erhöhten Sitz aus betrachtete Sine die wattigen Wolken draußen, die über den lichtblauen Himmel zogen. So ziellos und leicht war ihr selbst zumute, und so beschloss sie nach einem wohltuenden Ostseetag, nach Berlin zu fahren.

In den Siebziger- und Achtzigerjahren war Westberlin der *melting pot* aller deutschen Kriegsdienstverweigerer. Wer dort gemeldet war, musste keinen Dienst an der Waffe versehen, und dementsprechend hoch war die Wahrscheinlichkeit, in Richtung Berlin von Autofahrern mitgenommen zu werden, die nicht Julio Iglesias hörten und deren Haltung gegenüber Tramperinnen friedliebend war. In Hamburg stellte sich Sine an den Horner Kreisel, das Sprungbrett gen Osten, verfluchte sich aber, weil sie nicht auf den Wochentag geachtet hatte. Es war Sonnabendmittag, und es standen bereits sieben Tramper an der Autobahnauffahrt nach Berlin. Beim Trampen gilt die alte Müllersregel: Wer zuerst kommt, mahlt zuerst. Sine wartete geduldig ab, bis sie an der Reihe war, den Daumen raushalten zu können, und wurde am späten Nachmittag von einem bunt bemalten VW-Bus mit Berliner Kennzeichen mitgenommen. Die Insassen, fünf reichlich bekiffte Roskilde-Festival-Besucher, begrüßten sie mit einem freudigen Lächeln. Einer von ihnen, ein junger Flensburger, der eine frappierende Ähnlichkeit mit Rory Gallagher aufwies, hatte es versäumt, in Flensburg und später auch in Hamburg auszusteigen und träumte sich nun einem ungewissen Schicksal in Berlin entgegen; die anderen vier waren Studenten verschiedener Geisteswissenschaften und lebten gemeinsam in einer Wohngemeinschaft. Der VW-Bus war hinten mit Decken und Kissen ausgelegt. Sine lehnte sich in eine Ecke und freute sich, dass sie von so netten Menschen mitgenommen worden war. Es war der entspannteste Lift seit Finnland: Sie musste niemanden unterhalten, hatte einen gemütlichen Platz und würde bis Berlin auch nicht mehr umsteigen müssen. Doch mitten in Pink Floyds *The Wall* hielt der Fahrer die Kassette an, drehte seinen Kopf nach hinten und fragte, wo sie denn eigentlich das Gras zu verstecken gedachten, wenn sie an die DDR-Grenze gelangten, es wären immerhin fünf Kilo, und die Anzahl der Schlupfwinkel in dem VW-Bus sei ja vergleichsweise gering. Rory Gallagher wurde ob dieser Frage etwas nervös und schlug vor, auf einen Rastplatz zu fahren und einen Joint zu drehen, um die Nerven zu beruhigen. Sie waren etwa 50 Kilometer vom Kontrollpunkt Gudow/Zarrentin entfernt. Die anderen antworteten nicht gleich. Der Fahrer stellte die Pink-Floyd-Kassette wieder an. »Is there anybody out there?«, sang Roger Waters, eine Frage, die Sine mit zunehmendem Unbehagen bejahen konnte. Da waren bundesdeutsche Spürhunde, DDR-Grenzbeamte und jede Menge Gesetze, denen zufolge die Mitnahme von Rauschgift ganz gleich welcher Menge verboten war. Die anderen antworteten immer noch nicht. Hier war eine Entschleunigung im Gange, die auf der Autobahn nach Berlin ihresgleichen suchte. »Hey«, meinte der Typ, der Sine auf einem Kissen gegenüber saß. »Ich hab's: Wir verstecken das Gras in der Radkappe!«

Der Fahrer überlegte eine Weile. Schließlich erhellte ein Lächeln seine Züge, wie Sine im Rückspiegel erkennen konnte. »Harald«, sagte er langsam. »Das ist genial! Darauf kommen die nie!«

Sine versuchte, eine Spur von Ironie in seinem Tonfall zu erkennen, aber nichts da, der Fahrer meinte es offensichtlich ernst. Harald brach ganz für sich allein in Gelächter aus. Rory Gallagher tippte dem Fahrer von hinten auf die Schulter. »Ey, du. Kannst du das Lied noch mal zurückspulen?«

Auf dem nächsten Rastplatz stiegen alle aus. Die vier WG-Bewohner trugen eine riesige mit Gras gefüllte Plastiktüte in ihrer Mitte, zischelten sich gegenseitig zu, nicht so laut zu reden und zu lachen und die Tüte ja gut zu verdecken, damit die anderen auf dem Rastplatz nicht sahen, was sie da trugen. Harald krümmte sich vor Lachen und verschluckte sich dabei. Der Fahrer nahm die Radkappe ab und stopfte die Tüte hinein, während Rory Gallagher an der Seite lehnte und einen

Joint in der hohlen Hand drehte. Sine überlegte kurz, ob sie den Fahrer eines anderen Wagens auf dem Rastplatz ansprechen sollte, aber dann entschied sie sich dagegen. Die Jungs waren so nett zu ihr – es kam ihr schäbig vor, sie in diesem schwierigen Moment ihres Lebens allein zu lassen, sie musste jetzt solidarisch sein.

Während sie rauchten, wischte sich Harald die Lachtränen von den Wangen. Rory Gallagher blickte verträumt durch die Gegend. Dann stiegen sie wieder ein und fuhren los.

Sie tauchten sehr plötzlich auf, die grünen Uniformen und grauen Kontrollbaracken. Auf dem Mittelstreifen erhob sich die Betonsäule mit dem Emblem der DDR. Etwa zehn Fahrzeuge mit westdeutschen Kennzeichen warteten vor ihnen. Sie stellten sich hinten an.

»Harald«, sagte der Fahrer. »Du musst jetzt echt mal aufhören zu lachen, die merken doch sonst was!«

Harald war mittlerweile rot angelaufen. »In der Radkappe!«, japste er und schlug sich auf die Schenkel. »Das ist so ein schlechtes Versteck! Und ich schlag' das einfach so vor! Und wie du das eben gesagt hast!« Er wischte sich noch mehr Tränen aus den Augen und ahmte die tiefe Stimme des Fahrers nach. »Harald, das ist genial! Darauf kommen die nie!«

Jetzt musste Sine auch lachen, allerdings eher aus Nervosität. Ein bundesdeutscher Grenzer trat ans Fenster und bat um die Ausweise. Sine reichte ihren zusammen mit den Ausweisen der anderen nach vorn. Harald hatte sich ein Kissen aufs Gesicht gepresst und lachte unterdrückt. Der Grenzer warf einen Blick nach hinten zu Sine, Harald, Rory Gallagher und dem vierten Mitbewohner, dann winkte er sie durch.

»Mensch, Harald, jetzt hör doch mal auf!«, zischte der Fahrer nach hinten. Aber Harald konnte nicht aufhören. Er bebte am ganzen Körper vor Lachen. Sine tippte ihn an. »Harald, jetzt wird es ernst. Der DDR-Grenzer guckt.«

»Ja … gut.« Harald nahm das Kissen herunter und blickte sie an. Er sah total verquollen aus, und sein Gesicht war puterrot. »Scheiße, wie siehst du denn aus?«, schimpfte jetzt auch der Beifahrer. »Wenn die dich sehen, denken die doch, du hättest Drogen genommen!«

»Ach, so?« Harald wurde von einem erneuten Lachanfall geschüt-
telt. Dann atmete er ein paar Mal tief ein und aus. »Ihr habt recht. Ich
beruhige mich ja jetzt. Ist gleich vorbei.«

»Scheiße, wohin fährst du denn?«, brüllte der Beifahrer auf einmal.
»Ist doch rot, verdammt!«

Ein ganzer Trupp von DDR-Grenzbeamten stürmte aus der Kont-
rollbaracke. Sine sah, dass sie bewaffnet waren. Harald presste sich erneut das Kissen auf das Gesicht. »Rechts ranfahren, Motor aus!«, bellte
einer der Grenzer.

Der Fahrer gehorchte. Sine sah, dass er zitterte.

»Ausweise, aber dalli!«

Der Fahrer reichte ihm die gesammelten Ausweise.

»Ich will die Gesichter sehen!«, fuhr der Grenzer unwirsch fort.
»Alle! Wen ich aufrufe, guckt zum Fenster raus! Sine Haller!« Sine kletterte nach vorn und zeigte wie gewünscht ihr Gesicht. Der Grenzbeamte blickte auf das Lichtbild in ihrem Ausweis, verglich es mit ihr, blickte
auf ihren Ausweis und sah ihr erneut forschend ins Gesicht. Danach
kam »Fräulein Petersen« an die Reihe. Rory Gallagher strich sich die
Matte hinter die Ohren und steckte ebenfalls seinen Kopf nach vorn.
Der Grenzer schien verwirrt. *Fräulein Petersen*, bitte!« Rory blieb ruhig.
»Mein Name ist Kim Petersen und ich bin ein Herr.« Kopfschüttelnd
versenkte der Grenzer wieder seinen Kopf in Rorys Ausweis. Er seufzte,
als er Rory den Ausweis zurückgab, dann rief er Harald auf. Wie in Zeit-
lupe nahm Harald das Kissen vom Gesicht und schob sich nach vorn.
Sine sah, dass er um einen ernsten Gesichtsausdruck bemüht war. Von
ihrem Platz aus sah sie durch das Fenster auf den Grenzer. Jetzt musste
das Unvermeidliche geschehen. Das, was immer geschah, wenn man
nicht lachen durfte, wenn es von überlebenswichtiger Notwendigkeit
war, ernst zu sein. Eine gefühlte Ewigkeit verging. Der Grenzer starrte
Harald ins Gesicht, und Harald starrte tapfer zurück. Alles blieb still im
Auto, jeder Einzelne hielt den Atem an. Als es aus Harald urplötzlich
herausplatzte, war das Geräusch ohrenbetäubend. »Tut mir leid«, hörte
sie ihn von seiner Position vorn japsen. »Ich hab' verloren!«

Der Fahrer war außer sich, als sie eine halbe Stunde später endlich über die letzte Haltelinie fuhren. »Was genau hast du dir gedacht, was du da machst, Harald?«, wütete er. »Wer länger gucken kann, ohne zu lachen? Dachtest du, das wäre ein Spiel?!«

Harald lachte immer noch. »Oh nein … oh, Gott … nein.«

»Du kannst nur von Glück sagen, dass sie das Gras nicht gefunden haben!«

»Ja.« Harald wischte sich wieder die Tränen von den Wangen. »Dabei ist es das offensichtlichste Versteck der Welt!«

In dieser Nacht wurde Sine von den vier Jungs in ihrer WG aufgenommen. Rory Gallagher, der ebenfalls ohne Obdach war, musste in der Küche schlafen, während sie immerhin ein Lager auf dem Wohnzimmersofa erhielt. Am nächsten Tag schrieb sie Max eine Postkarte mit dem Brandenburger Tor als Motiv und trampte abends wieder in Richtung Hamburg. Von dort wollte sie auf die A 7 hinunter, denn ihr nächstes Ziel war Belgien. Kurz vor Hannover stieg sie aus. Und damit war sie im Herzen desjenigen Ortes, an dem alles begann. Eigentlich sticht Hannover in der Geschichte der Bundesrepublik nicht als die Stadt der revolutionären Umtriebe hervor. Und vermutlich wäre alles anders gekommen, wenn die hannoverschen Verkehrsbetriebe nicht zum 1. Juni 1969 die Fahrpreise um 33 Prozent erhöht hätten. Die Verteuerung löste einen Proteststurm unter Schülern, Studenten und Lehrlingen aus. Zeitzeugen zufolge zeichneten sich die hannoverschen Verkehrsbetriebe Ende der Sechzigerjahre vor allem durch Verspätungen, unerträgliche Wartezeiten und Überfüllung in den Bussen und Bahnen aus. Dafür noch mal mehr zahlen? Vor allem junge Menschen lehnten dankend ab. Am 7. Juni 1969, einem verkaufsoffenen Sonnabend, blockierten sie am Steintor die Straßenbahnschienen. Es war der Beginn eines zehntägigen Streiks, der den öffentlichen Nahverkehr vollständig zum Erliegen brachte. Busse und Bahnen fuhren nicht mehr.

Es gibt widerstreitende Meinungen darüber, wer zuerst auf die Idee mit dem roten Punkt gekommen ist. Fakt ist, dass ein aufgeklebter roter

Punkt an der Windschutzscheibe signalisierte: Ich nehme in meinem Auto fremde Leute mit. Der persönlich organisierte Schienenersatzverkehr veränderte die Stimmung in der Stadt schlagartig. An den Haltestellen hielten nun Käfer und Kastenenten statt Straßenbahnwaggons. Fahrer kurbelten ihre Scheiben hinunter und riefen den Wartenden das Fahrtziel zu. Dann musste es schnell gehen. Wer in dieselbe Richtung wollte, stieg ein, und los ging es hinaus in Richtung Garbsen, ins Altbauviertel Linden oder wohin auch immer der jeweilige Fahrer steuerte. Am 17. Juni 1969 war es dann soweit: Der Rat der Stadt beschloss einstimmig, die Fahrpreiserhöhungen zurückzunehmen. Die Verkehrsbetriebe wanderten in städtische Hand. Was blieb, waren die roten Punkte. Bald waren sie auf allen bundesdeutschen Autobahnen zu sehen. Das Mitnehmen geriet zu einer nationalen Bewegung mit einer politischen Botschaft und einem hohen sozialen Potenzial.

Auch in anderen deutschen Städten protestierten Menschen daraufhin gegen Fahrpreiserhöhungen. 1970 veröffentlichte die Gruppe Ton Steine Scherben ihre Schwarzfahrer-Hymne *Mensch Meier*. Das Album hieß *Keine Macht für Niemand* und war wie ein Tramperschild aus Pappe gestaltet. Es war das dickste Album in Sines Schallplattenregal.

Mitte der Achtzigerjahre, als Sine über Hannover und Aachen nach Belgien trampte, um von dort die Fähre nach Dover zu nehmen, waren die roten Punkte schon längst wieder verschwunden. Doch noch immer waren die Raststätten voll von Menschen, die fremde Jungen und Mädchen, Frauen und Männer in ihre Autos einsteigen ließen. Weil sie unterhalten werden wollten. Weil sie selbst einmal Tramper waren. Aus politischen Gründen. Der Umwelt zuliebe. Weil Neugier eine menschliche Eigenschaft ist. Weil ein nächtliches Gespräch der Müdigkeit vorbeugt. Oder ganz einfach, weil sie nett waren. Aus reiner Güte heraus.

▸

ONCE UPON A TIME IN THE SOUTHWEST

Erinnern Sie sich noch an den Showdown in dem Filmklassiker *Spiel mir das Lied vom Tod?* Es ist heiß, die Ödnis reicht bis zum Horizont, mitten darin erhebt sich ein Gebäude, das menschenleer wirkt. Die Musik ist bedrohlich und spannungsgeladen, und dann folgt der berühmte Akkord in b-Moll, auf den Charles Bronson ins Bild tritt. Während er lässig an der Kamera vorbeiblickt, ist im Hintergrund sein Kontrahent Henry Fonda zu sehen. Die Mundharmonika klingt verzweifelt auf, und wir wissen: Der Film endet. Aber nicht gut.

So ähnlich kann mal wohl das Gefühl beschreiben, das Max auf einer spanischen Raststätte beschlich.

Die Szenerie ähnelt der Bildhaftigkeit von Sergio Leones Filmklassiker, eine einsame Fliege umsirrt den Rucksack. Im Schatten einer Zapfsäule lehnt schon ein anderer Tramper. Langsam und glänzend läuft ihm der Schweiß über den Hals. Er ist so matt, dass er nicht einmal die Hand hebt. Alle verbliebene Energie spart er sich für den großen Augenblick. Er nimmt den Fahrer ins Visier, der Max hier abgesetzt hat. Max sieht, wie sein Fahrer den Kopf schüttelt, während er den Zapfhahn betätigt und dann ins Innere des einsamen Tankgeschäfts schreitet. Fünfhundert Grillenzirpgeräusche später steigt der Fahrer wieder in seinen Pegaso und fährt davon. Der andere Tramper betrachtet Max lauernd. Max beschließt, die Rolle des Charles Bronson zu spielen. Es ist seine einzige Chance.

Drei Tage war es her, dass Max im Yachthafen von Sevilla angekommen war, und noch immer befand er sich in Andalusien. Was er zeitlich auf der Yacht gewonnen hatte, machte ihm die E 803 wieder kaputt. Entweder war die Autobahn, die von Sevilla nach Madrid führte, die am wenigsten befahrene des Landes oder aber die spanische Bevölkerung war in dieser Gegend dramatisch geschrumpft. An diesem Augusttag hatte er sieben Wagen gezählt, die vorbeigefahren waren, und sechs davon nahmen ganz offensichtlich keine Tramper mit. Und so war er in dieser Wüstenei kurz vor Villafranca de los Barros gelandet, einer perfekten Filmkulisse, wollte man eine Tragödie spielen. Aber das wollte Max nicht.

»Ich war zuerst hier«, erklärte der andere Tramper in skandinavisch gefärbtem Englisch, als Max sich zu ihm in den Schatten gesellte.

»Klar. Und ich bin nicht blind«, gab Max zurück.

»Die Tankstelle schließt um neun Uhr, dann gibt es noch einen Nachtschalter, aber den nutzt niemand«, sagte der Tramper. Am Horizont glühte ein orangefarbener Streifen auf.

Woher er das wisse, fragte Max alarmiert.

Der andere wischte sich mit der Hand den Schweiß von der Stirn. »Weil ich schon zwei Tage hier bin«, antwortete er.

Die Tankstelle mit ihren vier Säulen malte lange Schatten in die leere Landschaft. Tiefer und tiefer sank die Sonne, bis sie schließlich dem Asphalt einer fernen Autobahn entgegensank.

Max setzte sich auf seinen Rucksack und schloss die Augen. Er konnte getrost einen seiner Sinne ausschalten, sobald ein Auto käme, wäre ja ohnehin erst Henry Fonda dran. Es roch nach Benzin.

Als es dunkel war, überlegte Max, ob er ein Gespräch mit seinem Rivalen beginnen sollte, aber ein kurzer Blick überzeugte ihn davon, dass die Idee nur mittelmäßig war. Er dachte darüber nach, wie es nun weitergehen sollte. Wenn er ohnehin dazu verurteilt war, auf unabsehbare Zeit nach jemandem Ausschau zu halten, der ihn mitnehmen könnte, war er an der Tankstelle nicht verkehrt. Hier konnte er Wasser und Essen kaufen, was bedeutete, dass er zumindest nicht an einem Ernährungsproblem zugrunde ginge. Aber was, wenn sein Geld knapp wurde? Sollte er zu Fuß weitergehen? Auf der Suche nach einem Brunnen und Beeren oder Kräutern? Max war zu Schulzeiten ein Ass in Wahrscheinlichkeitsrechnung gewesen, und die Chance auf ein Überleben in der Wildnis kalkulierte er auch jetzt ziemlich treffsicher gleich null.

Hinter ihm klapperte ein Schlüsselbund. Der Tankstellenwart hob den Finger an seine Mütze und verabschiedete sich.

Max drehte sich zu seinem Begleiter um. »Jetzt sind wir wohl allein.«

Der andere nickte langsam.

»Und?«, fragte Max betont munter. »Woher kommst du so?«

Langes Schweigen, ein kurzer Blick.

»Wenn es kein Geheimnis ist.«

»Aus Finnland.«

»Ach so.«

Im Inneren des Tankstellenhäuschens brannte ein Notlicht. Es war das einzige Licht, das den Platz ein wenig erhellte. Max war sicher, dass er hier nicht sterben würde. Er hatte noch genug Wasser in seiner Flasche, um die Nacht durchzustehen. Und er hatte natürlich sein Zelt und seinen Schlafsack dabei.

Als die Sonne aufging, saß der Finne immer noch so da, aufrecht mit dem Rücken an eine der Zapfsäulen gelehnt – er gab die Hoffnung nicht auf. Gegen neun Uhr rollte ein erstes Auto auf die Tankstelle. Darin saß eine spanische Großfamilie, das erkannte Max, ohne die Augen zu öffnen, der Geräuschpegel war Indiz genug.

Gegen Mittag versuchte Max ein Spiel: Er bat den Finnen, ihm sein lustigstes Reiseerlebnis zu schildern. Doch der Finne winkte nur müde ab. Dann fragte Max den Finnen, ob er vielleicht sein lustigstes Reiseerlebnis hören wollte, doch auch das schien dem Finnen nicht zu gefallen. Am späten Nachmittag geschah ein kleines Wunder. Ein Saab 900 CD mit finnischem Kennzeichen, der einen Wohnwagen zog, fuhr auf die Tankstelle, und jetzt durchfuhr den Finnen so etwas wie eine menschliche Regung: Er trat an den Mann heran, der aus seinem Wagen gestiegen war, um an die Zapfsäule zu gehen, und grüßte ihn. Der andere antwortete, jedoch ohne seinen Landsmann richtig anzusehen. Nachdem das Gespräch beendet war, nahm der Tramperfinne wieder seinen Platz an der Zapfsäule ein und schwieg. Max suchte noch nach Worten, um ihn aufzumuntern, doch in diesem Augenblick fuhr ein Lastwagen mit Kieler Kennzeichen vor.

»Don't even think about it«, knurrte der Finne.

Max schüttelte den Kopf. »I won't.«

»He, ihr da!«, rief der Lastwagenfahrer zu ihnen herüber. »Spricht einer von euch deutsch?«

Max hob vorsichtig einen Finger. Der Finne starrte ihn wütend an.

»Brauch ma jemanden, der mich unterwegs 'n büschen unterhält. Will einer von euch Jungs mit?«

»Ja«, sagte Max und deutete auf den Finnen. »Er hier.«

»Na, denn komm!«

»What does he say?«, wollte der Finne von Max wissen.

Max betrachtete ihn eine Weile. Nicht nur, dass der Finne kein Deutsch konnte. Er sprach ja überhaupt nicht gern. Nein, für den Job war er grundfalsch. »I'm really, really sorry«, sagte Max. »But I have to go.«

Der Lkw-Fahrer musste nach Pau in Frankreich. Während der zehnstündigen Fahrt erzählte Max von seinem Elternhaus, seiner Schulzeit, von Mädchen, die er gekannt hatte, von seiner Lieblingsmusik und von den Tagen auf der spanischen Raststätte mit dem schweigsamen Finnen. Hin und wieder dachte er an ihn zurück. Der arme Kerl tat ihm echt leid. Vermutlich saß er noch immer da.

LIEBE UND TOD IN ENGLAND

Obwohl Sine nie zuvor in England gewesen war, hatte sie das Gefühl, dieses Land bereits intim zu kennen, so viele englische Lieder hatte sie gehört, so viele Bücher gelesen, so viele Filme gesehen. Von Waterloo Station in London nahm sie den Zug nach Sunbury, wo aus die M3 nach Südwesten über Stonehenge verläuft. Während sie mit ihrem ersten Lift, einem überirdisch höflichen Aston-Martin-Fahrer durch das sommerliche Dorset rollte, dachte sie an all die Geschichten aus der Literatur, die in Südengland angesiedelt waren. Vor ihrem geistigen Auge wandelte der Waisenjunge Pip im London des 19. Jahrhunderts mit großen Erwartungen, sie sah die Strandräuber in Daphne du Mauriers *Jamaica Inn* nächtliche Lichter zünden, und sie dachte an den Geist der armen, verstorbenen Mrs. de Winter in Manderley. Der Fahrer war ein distinguierter Herr in den Fünfzigern, der Philosophieprofessor war – oder sich als solcher ausgab, das wusste man beim Trampen ja nie. Er fragte, was sie im Leben so anstrebe, und sie antwortete wie immer, dass sie Kunststudentin sei. Nach einer kurzen Plauderei über Thomas Hobbes, John Locke und Thomas von Aquin, schnitt der Fahrer das Thema Liebe an. Das Gespräch, das sich daraus entwickelte, hatte aber zum Glück nichts Anzügliches, im Gegenteil: Sine sagte, dass die Liebe für sie zu den wichtigsten Dingen neben Reisen und Kunst gehöre, und der Professor entgegnete, dass alle drei Dinge im Grunde dasselbe seien, nur in anderem Gewand. Die Liebe sei aber insbesondere mit dem Trampen zu vergleichen: Man steigt ein, weil man irgendwo hin will, einer nimmt die Rolle des Fahrers ein, der andere die des Beifahrers, unterwegs lernt man sich kennen, und oft genug geschieht es, dass man ein Ziel ansteuert, von dem man gar nicht wusste, dass es auf der Landkarte verzeichnet ist.

Ja, bestätigte Sine. Und manchmal wird man an einem total schlechten Platz abgesetzt, es regnet, man friert und wartet, und dann steigt man einfach beim Nächstbesten wieder ein. Immerzu ein- und aussteigen, das könne aber nicht der Weg der Liebe sein, man müsse sich wohl irgendwann auf einen Fahrer festlegen, denn zu alte Tramper nehme niemand mehr mit.

Aber denkst du in deinem Alter denn nicht, wollte der Professor wissen, dass es langweilig wäre, sein Leben immer mit demselben Fahrer zu teilen?

So lange man unterwegs ist nicht, meinte Sine. Ich habe ja nicht gesagt, dass ich mein Leben lang mit demselben Fahrer – oder gern auch Beifahrer – auf irgendeinem Parkplatz verbringen möchte. Man kann ja während der Fahrt den Platz am Steuer wechseln, auch das Fahrzeug selbst, man könne mal schneller, mal langsamer fahren. Andere Länder ansteuern. Gebiete erforschen, die vor einem noch kein Menschenfuß betreten hat. Dieser Weg wäre mein Ziel.

Kurz vor Exeter setzte der Professor sie an der Motorway M5 ab, und Sine verließ den Wagen mit einem leichten Bedauern.

Gern hätte sie mehr über ihren Fahrer erfahren, ob er wohl zufrieden mit seinem Lebensweg war. Manchmal war es seltsam, dass man die Menschen, mit denen man solche Gespräche geführt hatte, niemals wiedersah.

Drei weniger interessante Lifts weiter war sie endlich in Cornwall angekommen, in einem Ort namens Trerulefoot. Von hier aus gab es zwei Möglichkeiten: entweder auf der A38 weiter, die sie irgendwann an den Küstenort St Ives im Westen führen würde, oder auf den kleineren Straßen in Richtung Südküste hinunter. Sie wollte möglichst schnell am Meer sein, darum wählte sie Möglichkeit Nummer zwei und wanderte aus dem Dorf hinaus auf eine schmale, gewundene Straße. Das war ein Fehler, wie sie bald feststellte. Es sah zwar alles sehr hübsch aus – doch außer ihr schien das niemand zu bemerken. Es kam einfach niemand vorbei. Gegen Mittag begann es zu regnen, erst nur ein bisschen, dann richtig stark. Sie wanderte von der Kreuzung eine Anhöhe hinauf in ein Waldstück, setzte sich unter einen Baum und wartete. Plötzlich hörte sie ein Geräusch. Sie blickte hinab auf die Straße und sah eine Art Van herannahen. So schnell sie konnte lief sie durch den Regen wieder auf die Kreuzung hinab und hielt den Daumen raus. »Undertaker Harry Douglas« stand in riesigen Lettern auf dem Van. Zu diesem Zeitpunkt dachte sie noch, dass ein Undertaker einfach nur ein Unternehmer wäre. Und dass es sich bei dem Van um einen Leichenwagen handelte, erkannte sie auch nicht, so froh war sie, dass der Wagen für sie hielt.

Im Fahrerhäuschen saß bereits ein Tramper, ein blonder Engländer, der ihr zulächelte. Harry sagte, er fahre nach St Blazey und könne sie gern mitnehmen, sie müsste sich nur mit dem anderen Hitchhiker einigen, wer vorn und wer hinten sitzen wollte. Sine entschied, dass sie lieber nach hinten wolle – Harry hatte etwas an sich, was sie seltsam fand.

In dem Augenblick, in dem Harry die rückseitigen Flügeltüren öffnete und sie auf die Ladefläche kletterte, erkannte sie die Nachteile dieses Lifts: Die Ladefläche war zum Führerhäuschen hin mit einer Blechwand abgeschirmt und hatte keine Fenster. Und außerdem war sie nicht allein. Auf der Ladefläche stand ein Sarg.

Harry schlug die Tür hinter ihr zu, und augenblicklich umfing sie undurchdringliche Finsternis. Sie hörte, wie er nach vorn ins Führerhäuschen zurückkehrte und den Motor anließ. Durch die Blechwand hörte sie ihn etwas zu dem anderen Tramper sagen, der daraufhin in Gelächter ausbrach. Dann fuhr der Leichenwagen an. Sine verfluchte sich selbst. Sie hätte Harry fragen sollen, ob der Sarg leer war. Und natürlich hätte sie den Platz vorn wählen sollen. Die Dunkelheit flößte ihr Angst ein. Vorsichtig, um ja nicht an den Sarg zu stoßen, tastete sie nach der Tür. Sie war von innen verschlossen – warum um Himmels Willen? Fluchtgefahr bestand bei Harrys Fracht sicherlich nicht.

Eine Ewigkeit dauerte die Fahrt in der Düsternis. Sine lauschte auf Geräusche aus dem Sarg –, ob etwas an der Innenwand entlangglitt, wenn sie in die Kurven gingen, ob es rumpelte. Doch mit jedem Kilometer, den sie zurücklegten, wich die Angst von ihr. Was sollte ihr schon groß geschehen? Selbst wenn sie sich diesen Platz mit einem Toten teilte, an ihrer eigenen Lebendigkeit änderte das ja nichts. Sie konnte im Dunkeln ihre Uhr nicht erkennen, aber sie schätzte, dass eine Stunde vergangen war, als der Wagen endlich hielt. Die beiden vorn wechselten erneut einige Worte, dann hörte sie, wie sich der andere Tramper verabschiedete. Eine Tür schlug, Harry rief noch etwas, dann fuhr der Wagen wieder an. Wieder fühlte Sine sich unruhig werden. Warum hatte Harry sie nicht nach vorn geholt, wo der Platz doch jetzt frei war?

Endlich hielt der Wagen erneut, der Motor verstummte, wieder schlug eine Tür. Und dann wurden die Türen hinten geöffnet, und ein orangefarbenes Abendlicht warf seine schrägen Strahlen herein. »Angekommen«, grinste Harry. »Alles okay?«

»Ich wäre gern nach vorn gekommen, nachdem der Platz frei wurde«, beschwerte sich Sine.

»Ich habe dich ja gefragt«, meinte Harry. »Aber du hast mich anscheinend nicht gehört.«

Sine kletterte von der Ladefläche herunter und streckte sich. Sie waren in einem hübschen Ort angekommen, sehr englisch, mit großgesteinten Häusern und vielen Blumen. »Also«, fragte Sine und deutete auf das Innere des Wagens. »Ist da nun jemand drin?«

Harry platzte vor Gelächter. »Das riecht man doch! Nein, das ist einfach nur ein frisch gezimmerter Sarg!«

Sine nahm ihren ganzen Mut zusammen. »Ich war noch nie in einem Bestattungsunternehmen«, sagte sie. »Darf ich das mal sehen?«

»Natürlich«, sagte Harry und winkte sie hinein.

Auf seine Särge war der Bestatter besonders stolz. Die meisten ließ er von spezialisierten Unternehmen herstellen, doch einige tischlerte er auch selbst. *River of life* war so ein Modell, das er selbst entworfen, gebaut und verziert hatte. Sollten widrige Umstände, durchgeknallte Fahrer oder schlechte Straßen bewirken, dass sie ihre Trampertour vor der Zeit beenden müsste, hätte Sine genau dieses Modell für ihr Begräbnis gewählt. In den hölzernen Sargdeckel war eine geschlängelte Linie aus Mineralien eingelassen – ein zarter Hinweis darauf, dass der Weg des Lebens steinig ist und auch nicht so geradlinig auf das Ende hin zuführt, wie man gemeinhin denkt. Lebensfluss, ja, so ist es, dachte Sine. Man schlängelt und fließt, wird von der Liebe mitgenommen und wieder abgesetzt, wechselt die Jobs, nimmt diverse Biegungen, bleibt aber irgendwie immer in der Fahrrinne. Harry äußerte sein Bedauern darüber, dass das Modell nicht besonders beliebt wäre. Seine Kunden hätten großenteils einen konservativen Geschmack, was sich wohl mit ihrem Alter erklären ließe, zumeist 70 plus. Dann erklärte er, dass er mit einem Psychologen im Ort zusammenarbeiten würde. »Er schickt mir die Ultra-Depressiven vorbei, und ich lasse sie bei mir im Sarg Probe liegen. Zehn Minuten mit Deckel zu –das bringt vielen die Erkenntnis, dass Selbstmord murks ist und es sich doch vergleichsweise netter anfühlt, am Leben zu sein.« Sine musste lachen und antwortete, dass die

Bevölkerung sich glücklich schätzen könne, über einen derart aufmunternden Service zu verfügen. Aber insgeheim dachte sie: Harry hat eine Schraube locker. Werbung für den eigenen Berufszweig sieht sicherlich anders aus.

Zum Abschied sagte sie scherzhaft: »Ich komme wieder, aber erst in etwa 60 bis 70 Jahren!«

Harry zwinkerte: »Wir sind Warten gewohnt!«

Sie übernachtete in St Blazey in einem billigen Bed and Breakfast und stellte sich am nächsten Morgen wieder an die Straße. Sie wollte Fowey sehen, das Dorf, in dem Daphne du Maurier ihre ersten Romane geschrieben hatte, und ihren späteren Landsitz Menabilly, der als Vorlage für Manderley in *Rebecca* gedient hatte, aber dann hielt eine Fahrerin mit zwei quengelnden Kindern auf dem Rücksitz, die von Sine wissen wollte, ob es in Ordnung wäre, die kleinen Drachen auf dem Rücksitz während der Fahrt zu zähmen. Während der folgenden drei Stunden sang Sine den beiden Kleinen deutsche Kinderlieder vor, ahmte Elefanten, Kätzchen und zischelnde Schlangen nach, und ehe sie sich versah, waren sie schon fast in Dorchester angelangt. So kam es, dass sie eher Piraten, geheimnisvolle Kaschemmen und exotische Tiere vor Augen hatte, wenn sie an Südwestengland dachte. Und natürlich an ein Bestattungsgeschäft.

▸ WUNDERSAME FRANZÖSISCHE AUTOMOBILE

Max erreichte Frankreich über die Atlantikküste, und kaum war er auf französischem Boden, begegnete er Madeleine. Es war irgendwo in der Ariège, diesem großen, wilden Vorgarten von Toulouse, er war in einer Kleinstadt gelandet und hatte hier die Gelegenheit ergriffen, seine Peseten in Francs zu tauschen, da stand sie vor einer hellblauen Citroën-Dyane, versuchte die Fahrertür zu öffnen und runzelte dabei die Stirn. Sie trug ein blau-weiß-gepunktetes Kleid und sah so französisch aus wie ein Mannequin von Chanel. Max musste es einfach versuchen. Er ging auf dieses wunderbare Wesen zu und sagte eines der wenigen Wörter, die er auf Französisch kannte, nämlich *Direction*. Und fügte mit einem fragenden Tonfall an: »Montpellier?«

Mademoiselle Chanel hörte auf, ihre Stirn zu runzeln, dann lachte sie und antwortete etwas, das Max wieder nicht verstand. Zum Glück untermalte sie ihre Worte mit gleich mehreren Gesten, eine davon war eine ausgestreckte Hand mit der Fläche nach oben zur Beifahrertür hin. Max lächelte und bedankte sich. Dann setzten sich beide in das Fahrzeug.

Kaum waren sie losgefahren, stieß die Frau am Steuer neben ihm hervor: »Oh là là!« Max, der bis dahin geglaubt hatte, dass man so etwas nur in sehr klischeehaften französischen Filmen sagte, lächelte sie verzückt an. Aber die Frau deutete wortreich auf das Armaturenbrett und auf die Rückbank und sagte etwas, das Max nicht verstand. Es sah alles sehr ordentlich und glänzend in diesem kleinen französischen Auto aus und Max nickte bestätigend. Vielleicht wollte die Frau ja ein Lob darüber hören, wie schön sie alles aufgeräumt hätte oder wie gepflegt ihr Auto war, also sagte Max auf Englisch: »Your car is very beautiful!«

Erneut runzelte die Frau die Stirn, also beeilte Max sich hinzuzufügen, dass nicht nur das Auto, sondern auch seine Fahrerin von augenfälliger Schönheit sei.

»Merde«, sagte die Frau plötzlich, wendete mitten auf der Landstraße, auf der gerade ein großer Lkw heranrauschte, und brauste wieder zurück.

Hatte Max etwas Falsches gesagt? Es wäre zweifelsohne besser gewesen, die Schönheit der Frau vor jener ihres Autos zu loben. Aber setzte sie ihn nun deshalb wieder ab?

Auf einmal bemerkte er, wie sie vor Lachen zitterte. Alle Punkte auf ihrem Kleid wippten mit. Sie schlug sich mit der flachen Hand auf die Schenkel und lachte so sehr, dass ihr Tränen über die Wangen flossen. Max hatte zwar keine Ahnung, worum es ging, aber er lachte mit. So erreichten sie wieder den Parkplatz, von dem aus sie gestartet waren. »Vite, vite!«, lachte die Frau, und an ihren Handbewegungen erkannte Max, dass er sich beeilen musste. Er zerrte also seinen Rucksack von der Rückbank, die Frau fegte etwaige Krümel von den Polstern und schloss den Wagen wieder ab. Sie griff Max am Ärmel, und gemeinsam hasteten sie über den Parkplatz vor der Bank zu einer Dyane, die genauso aussah, wie jene, die sie gerade verlassen hatten, nur dass auf den Polstern allerlei Klamotten, Papiere, Bücher und Schminkzeug herumlag. Dieses Mal schloss die Frau den Wagen mühelos auf, machte Max erneut ein Zeichen einzusteigen, und sie dampften los.

Sie lachten noch, als sie bereits Toulouse hinter sich gelassen hatten, und auch ohne dass Max ihre Sprache verstand, wusste er, warum.

Madeleine lud ihn zu sich nach Hause ein, das lag zwar nicht in Montpellier, aber das machte nichts. Erst drei Tage später fuhr Max weiter. Er gab Madeleine seine Adresse in Hamburg, und er hatte ja ihre in Carcassonne, aber ob das wirklich die Grundlage einer tiefer gehenden Beziehung sein konnte, bezweifelte er stark.

In den 1980er-Jahren, dieser in manchen Gegenden durchaus noch posthorntönenden Epoche, in der die Briefzusteller noch mit banger Vorfreude erwartet wurden, machten papierene Sendungen zwar oft mehr Spaß als heute, doch das liebeswehe Herz brauchte viel Geduld.

Max schickte Madeleine aus jedem Ort, an dem er Station machte, eine Postkarte, und zur großen Freude seiner Eltern rief er alle paar Tage zu Hause an, um zu erfahren, ob er einen Brief aus Carcassonne erhalten habe. Doch Madeleine blieb stumm. Vielleicht, sinnierte Max später, warf sie die Briefe an ihn nicht in einen Briefkasten, sondern in einen Müllbehälter, vielleicht war sie genauso kurzsichtig wie er. Eines Tages würde er zu ihr zurückkehren und sie fragen, schwor er sich. In der Zwischenzeit war er auf dem Weg nach Genf.

Ihm passierten noch drei seltsame Autogeschichten in Frankreich, weshalb Frankreich für ihn auch das Land der Schönen und Unberechenbaren war. Einmal wurde er von einem etwa dreißigjährigen Mann in einer sagenhaften weißen Citroën-DS mitgenommen. Es war auf einer Landstraße in der Ardèche, nichts als Hügel, hoch aufragende Felsen und Wildwasser. Der Mann erklärte ihm, dass er es sehr schätzte, Tramper mitzunehmen und etwas über ihr Leben zu erfahren. Er schien sich allerdings vor allem für das Leben französischer Tramper zu begeistern, denn eine andere Sprache als Französisch konnte er nicht. Max kurvte also vergleichsweise schweigsam mit dem DS-Fahrer durch die Gegend, aber das störte ihn nicht. Es war eine der atemberaubendsten Landschaften, die er seit Langem gesehen hatte, durch die sie fuhren. Zudem bewunderte er die Lenkradschaltung, die hinter Glas eingelasse-

nen Anzeigen und die Lederpolster. Es war ein bisschen wie in einem *film noir,* und tatsächlich trat ein unvorhergesehenes, wenngleich zum Glück nicht tödliches Ereignis ein. Sie gerieten an eine stark ansteigende Straße, an der die DS noch ein paar tuckernde Geräusche von sich gab – und dann stehen blieb. Bei den meisten anderen Fahrern hätte dieser Umstand sicherlich wilde Flüche hervorgerufen, nicht so bei diesem französischen Gentleman. Er machte Max nur ein Zeichen, auszusteigen und ihm beim Anschieben zu helfen. Kein leichtes Unterfangen in der septemberlichen Mittagshitze. Max schob, bis ihm der Schweiß über den Körper strömte und bewunderte die stoische Haltung des Fahrers, der das Lenkrad hielt und dabei ebenfalls schob. Endlich waren sie auf dem Bergkamm angekommen. Dort setzten sie sich wieder hinein, der Fahrer wechselte mit seiner wunderbaren Lenkradschaltung in den zweiten Gang, und die DS kam wieder in Schwung. So ging es bis zum nächsten Anstieg. Nun wusste Max, warum dieser Fahrer so gern für Tramper hielt.

Vor St-Etienne wechselte er auf die Autobahn. Sein Ziel war Genf in der Schweiz, und er hoffte auf einen Lkw-Fahrer, der die Route in einem Rutsch durchfuhr. Ähnlich gut wie die deutschen Raststätten funktionierten in Frankreich die Mautstellen, um Fahrer anzusprechen. Allerdings mit dem Unterschied, dass dabei alles noch ein bisschen schneller gehen musste, weil die Fahrer ja nicht aussteigen konnten und obendrein damit beschäftigt waren, ihre Zehn-Francs-Stücke zu zählen, die sie der Person im Kassenhaus durch das Fenster reichten. Die Lastwagen standen in einer separaten Schlange. Nachdem Max sich eine halbe Stunde lang vergeblich darum bemüht hatte, einen der Lkw-Fahrer von seiner Qualität als Mitfahrer zu überzeugen – schwieriges Unterfangen, da Max ja kein Französisch sprach –, bewegte er sich zu den Personenkraftwagen hinüber. Renault, Peugeot, Citroën – hier standen sie glänzend hintereinander aufgereiht. Max machte das charakteristische Zeichen mit dem Daumen, und in der Tat kurbelte ein grauhaariger Herr das Fenster seines Peugeots hinunter und gab ihm zu verstehen, er könne einsteigen. »Merci«, sagte Max, ein weiteres Wort aus seinem bescheidenen Französisch-Wortschatz.

Es geschah kurz hinter St-Martin-la-Plaine. Aus der Motorhaube drang Qualm, der sich alsbald in so dichte Rauchschwaden verwandelte, dass der Verkehr dahinter verschwand. Der grauhaarige Monsieur stieß einen langen und sehr elegant klingenden Fluch aus. Dann fuhr er rechts an den Seitenstreifen ran. Max stieg mit ihm zusammen aus und tat, als könnte er Hilfe in irgendeiner Form anbieten, aber tatsächlich war diese Situation sehr neu für ihn. Der Monsieur öffnete die Motorhaube und ließ die Schwaden fortwehen. Dann stieß er ein lang gezogenes *Aaah* aus und deutete auf das Corpus Delicti, das Max, nachdem er seine Brille gereinigt hatte, als eine Metallwanne erkannte, die an einer Stelle durchlöchert war. Der Monsieur lächelte und hob den Finger. Offenbar wusste er, was er zu tun hatte. Das hoffte Max zumindest, als er sah, dass der Monsieur nun seine Schuhe und Strümpfe auszog, ein Feuerzeug hervorholte und es an seine Socken hielt. Wenig später loderte ein lustiges kleines Feuer auf dem Seitenstreifen der A 47. Der Monsieur holte aus seinem Kofferraum einen Lötkolben und hielt ihn in die Flammen. Dann bestrich er damit das Loch in der Metallwanne. Die Sache war erledigt. Max bot dem Monsieur neue Socken aus seinem Rucksack an, aber der Monsieur lehnte ab.

Wie um das Maß an gallischen Kuriositäten voll zu machen, nahm ihn an der Mautstelle bei Bourg-en-Bresse der Fahrer eines Renault 4 ohne Windschutzscheibe auf. Es war ein Typ Anfang zwanzig, und er lächelte so geheimnisvoll und müde, als hätte er ein halbes Feld gekifft. Seine Augen lagen hinter einer riesigen Sonnenbrille verborgen, was keine schlechte Idee angesichts des Fahrtwinds war, der ihnen entgegenblies. Max, dessen Augen durch seine eigene dicke Brille ja auch gut geschützt waren, beschloss, sich nicht zu beschweren. Aber dann geschah etwas, das er schon seit Monaten nicht mehr erlebt hatte: Es regnete. Mit einer für seinen Zustand erstaunlich geistesgegenwärtigen Schnelligkeit fuhr der Typ rechts auf den Seitenstreifen der Autobahn. Aha, dachte

Max, jetzt packt er also doch noch die Windschutzscheibe aus, oder zumindest eine Folie, die man vorn ankleben kann. Aber er staunte nicht schlecht, als der Mann von seinem Ausflug zum Kofferraum mit einem Regenmantel bekleidet zurückkehrte. Unter dem Arm trug er einen Motorradhelm. Er nahm dann die Brille ab, setzte sich den Helm auf, nahm sich sogar die Zeit, alles ordentlich unter seinem Kinn festzuzurren und fuhr derart geschützt wieder los.

Später wünschte sich Max, er hätte einen Fotoapparat mitgenommen. Leider war ihm die Mühsal, unterwegs die Filme entwickeln zu lassen und dann alles mit sich herumzuschleppen, zu groß gewesen. Unendlich schade! Denn diese Geschichte hat ihm später niemand geglaubt.

JAPANESE WHISPERS

In Brüssel wollte Sine eine Freundin besuchen, die sich zwei Jahre zuvor in einen Belgier verliebt hatte und mit ihm in die Rue d'Eté gezogen war. Mittlerweile hatte sich das Paar getrennt, und die Freundin lebte in der Rue d'Hiver – was sehr treffend war. Die Wohnung der Freundin war dunkel und kalt.

Sine fuhr weiter nach Nordfrankreich, und dort erlebte sie etwas, das wohl früher oder später jeder Tramperin passiert.

Kurz hinter Brüssel hatte sie ein Renault-Fahrer auf der Autobahn nach Namur mitgenommen, was grob in Richtung Paris lag, aber doch zu weit nach Osten führte. Um den südwestlichen Schlenker fahren zu können, musste sie jetzt auf der Landstraße trampen. Und zwar auf einer, die relativ einsam war. Knapp zwei Stunden verstrichen, in denen lediglich Autos vorbeituckerten, die randvoll mit Kindern waren oder mit Gemüse und in einem Fall sogar mit einem Tier. Sine war nicht ganz sicher, aber es sah aus wie ein großer Bernhardiner, was da auf der Rückbank saß. Vielleicht war es auch eine Kuh.

PREVIEW PICTURES Presents
GO'IN MY WAY MISTER?
COZY REST
DRIVE IN
HIGHWAY HELL
It DARES TO TELL THE truth!
Litho in U. S. A.

Schließlich hielt doch ein Wagen. Und Sine steig ein.

Zwei Warnhinweise hatte sie nicht beachtet, wie sie sich später eingestehen musste. Der erste war: Sie hatte den Wagen, der anhielt, um sie mitzunehmen, schon einmal gesehen. Der Fahrer war zuvor in umgekehrter Richtung an ihr vorbeigefahren. Und dann lief im Wagen Julio Iglesias.

»Sie fahren doch nach Charleville-Mézières?«, fragte sie nach ein paar Minuten Schweigen noch einmal, nur um sicherzugehen. Aus den Lautsprechern schmachtete Julio »Can't help falling in love with you«. Der Fahrer drehte sich langsam zu ihr und lächelte. Sine bemerkte, dass seine Zähne braune Stummeln waren.

»Nein«, antwortete er. »Aber wenn ich mit dir fertig bin, setze ich dich hier wieder ab.«

Sine spürte, wie ihr Herz raste. »Ich verlange, dass Sie anhalten«, sagte sie.

Der Mann blinkte nach links. Sie bogen von der Route nationale ab in eine kleinere Straße. Ein paar Wohnhäuser ragten zu ihrer Rechten auf. Am Ende der Straße erkannte sie Bäume. Ein Wald.

Sie tastete nach ihrem Tränengas in der Tasche, aber es lag irgendwo vergraben unter der Schachtel mit den Buntstiften, ihrem Portemonnaie, dem zweiten T-Shirt, das sie mitunter mit jenem tauschte, das sie trug, und dem Buch, das sie las (Carlos Castanedas *Die Lehren des Don Juan*). Nichts. Kein Tränengas. Das letzte Wohnhaus in dieser Stichstraße. Vor ihr der Wald.

In diesem Augenblick trat ein Junge in ihrem Alter aus dem Wohnhaus. Und bevor sie noch wusste, was sie da überhaupt tat, riss sie die Autotür auf und rief: »Charles!« Der Fahrer trat unwillkürlich auf die Bremse. Sine griff nach Tasche und Schlafsack, stürzte hinaus und fiel dem Jungen um den Hals. »Hilf mir!«, flüsterte sie in sein Ohr. Und der Junge, den sie Charles genannt hatte, lächelte und spielte mit.

Nachdem sie ihm die Situation erklärt hatte, verabschiedeten sie sich wieder. Der Junge eilte die Straße hinunter, und sie ging langsam hinterher, zurück in Richtung Route nationale. Dann tauchte der Wa-

gen wieder neben ihr auf. Der Fahrer hatte sein Fenster heruntergekurbelt, brüllte ihr etwas zu und schüttelte wütend die Faust.

Nach diesem Zwischenfall wurde sie vorsichtiger. Der Nachmittag verging, ohne dass sie einen Kilometer vorankam, denn jedes Mal, wenn
einer für sie am Seitenstreifen hielt, war es wieder ein männlicher Fahrer, von dem sie sicher war, dass er im Geiste Iglesias sang. Sie wünschte sich von Herzen, an einer dieser komfortablen deutschen Raststätten
zu stehen, an der sie sich ihre Fahrer aussuchen konnte, aber stattdessen stand sie jetzt in diesem verfluchten belgischen Nirgendwo. Ein
feiner Nieselregen setzte ein, der mit der Zeit ihre Kleider durchdrang.
Jetzt spürte sie auch das Loch im rechten Schuh, das sie seit einigen
Wochen hatte. Es dunkelte, und nun wurde es ernst. Wenn sie sich
schon bei Tageslicht zu keinem Fahrer hineingetraut hatte, dann erst
recht nicht jetzt. Es blieb ihr also nichts anderes übrig, als hier irgendwo
zu übernachten. Doch im Gegensatz zu Max hatte sie kein Zelt mitgenommen, weil sie mit leichtem Gepäck reisen wollte. Sie beschloss,
sich eine Scheune in der Gegend zu suchen, und marschierte los. Doch
als sie eben ein paar Schritte gegangen war, hielt eine grüne Kastenente mit deutschem Kennzeichen neben ihr. Darin saßen zwei Jungs in
ihrem Alter oder vielleicht ein bisschen älter und hörten The Cure. Die
Musikwahl gab den Ausschlag. Sine stieg ein.

Es wurde die lustigste Fahrt seit Berlin. Die Jungen kamen aus dem
Märkischen Kreis, einer Gegend, von der Sine bis dahin nicht gewusst
hatte, dass es sie gab, und sie hatten denselben Musikgeschmack wie
sie. Das Beste aber war, dass die beiden bis nach Paris fuhren. Sie waren
alte Schulfreunde, einer studierte jetzt Geschichte, der andere war
Dachdecker geworden, und hin und wieder schnappten sie sich die
Kastenente des Dachdeckers und fuhren damit über das Wochenende
irgendwo hin. Dass sie noch nie Paris bereist hatten, erschien ihnen wie
ein frevelhaftes Versäumnis, das sie nun nachholen wollten.

Auch Sine war noch nie in Paris gewesen. Sie saß auf der Rückbank, sang mit den Jungs zusammen lauthals *The Lovecats* und ver-

suchte, die vorüberziehende Landschaft draußen zu erkennen, doch in der Dunkelheit sah sie nur ihr eigenes Gesicht. Als sie bei Pussemange an die französische Grenze kamen, reichte sie ihren Personalausweis nach vorn. Der Grenzer durchblätterte die drei Ausweise, ohne die abgestempelten Porträts darin groß mit ihren Köpfen zu vergleichen und wünschte ihnen auf Französisch eine gute Fahrt. Es war elf Uhr abends. Vier Stunden später hatten sie die französische Hauptstadt erreicht.

Peter, der Dachdecker, unterbrach die sehnsüchtigen Jimi-Hendrix-Riffs von *1983 … (A Merman I Should Turn to Be)* und schob wieder The Cure ins Kassettendeck. Während sie die funkelnden Champs-Élysées hinauffuhren, sangen Sine und Peter lauthals »Speak My Language«, doch kurz bevor sie den Arc de Triomphe erreichten, drückte Ulrich auf Stopp. »Das ist faschistoid, was ihr da tut«, verkündete er.

»Nee«, widersprach Peter. »Ist es nicht.«

»Ist es sehr wohl. Der Triumphbogen wurde für die napoleonischen Armeen gebaut. Ihr könnt da nicht herumfahren und verlangen, dass da jetzt Deutsch gesprochen wird!«

»Wir haben bloß gesungen!«, protestierte Peter.

»Ja, aber achte doch noch mal auf den Text!«

»Lasst uns die Kassette umdrehen und dann vorspulen!«, warf Sine von hinten ein. »Bis zu dem Lied *The Upstairs Room!* Das ist ein Liebeslied! Das singen wir, und damit lieben wir dann Frankreich. Okay?«

Und so umrundeten sie mit der Kastenente siebenmal den Triumphbogen schmetterten dazu: »I don't think I can love / anyone but you dear / That's for sure / That's for sure«.

Sie parkten das Auto irgendwo und liefen los. Peter griff nach Sines Hand, und sie erwiderte seinen Druck. Es war das pure Glück. Sie hüpften und sprangen, alles glitzerte, elegant gekleidete Menschen strömten aus einem Haus, die Frauen mit aufgelösten Haaren und rotem Lippenstift. Im fahlen Morgenlicht kehrten sie zurück zur Kastenente, und Sine rollte sich auf ihrem Rücksitz ein. Als sie erwachte, tippte sie Ulrich auf die Schulter, damit er sie hinausließe. Dann marschierte sie los.

Sie bemerkte es erst, als sie an einem Bankschalter stand, um ihre Sammlung aus englischen Pfund, belgischen Francs und deutscher Mark in französische Francs zu wechseln. Sie reichte dem Bankbeamten ihren Personalausweis, der blätterte darin, verglich das Foto mit Sines Gesicht und schüttelte den Kopf. Sie hatte ihren Ausweis mit dem von Ulrich vertauscht.

So schnell sie konnte rannte sie zurück auf die Champs-Élysées. Sie hatte Glück: Die Jungs schliefen immer noch.

Dieser Vorfall galt ihnen als Zeichen: Sie sollten sich also noch einmal wiedersehen. Und so verbrachten sie das Wochenende gemeinsam. Peter bestand darauf, dass Sine einen Käseladen betrat, obwohl sie sagte, dass sie Käse nicht ausstehen könne. Dann kauften sie zwei Baguette, setzten sich auf eine Mauer an der Seine und verspeisten alles. Seither ist Sine ein großer Käsefan.

Als sie sich am Sonntagnachmittag verabschiedeten, war es Sine, als trennte sie sich von ihren besten Freunden. Sie wollte nun auch nicht länger in Paris bleiben. Ihr nächstes Ziel war Rom. Thore, der Schwede, war mitsamt der finnischen Dogge für ein Jahr in die italienische Hauptstadt gezogen und hatte ihr angeboten, sie für eine Weile zu beherbergen. Sie schrieb ihm einen Brief, dass sie sich jetzt auf den Weg machen würde und dass sie damit rechnete, innerhalb der nächsten vier Wochen anzukommen.

Im südfranzösischen Tavel unterbrach sie ihre Reise jedoch für zwei Wochen, um bei einem Bauern Trauben zu ernten. Die Arbeit war gut bezahlt und die Tage in den Weinbergen unter der provenzalischen Herbstsonne berauschend, doch die Ernüchterung setzte mit den Rückenschmerzen ein. Neben ihr arbeitete eine junge Deutsche, die mit einem französischen Lederschneider verheiratet war. Der Deutschen waren die Rückenschmerzen egal, sie freute sich, endlich mal aus dem Haus zu kommen. In letzter Zeit, erklärte sie Sine in der Sprache, die niemand außer ihnen verstand, war dem Lederschneider oft nach Streit zumute. Nach der Weinernte durfte Sine ein paar Tage lang bei den beiden in Avignon übernachten, was ein zwiespältiges Vergnügen war, denn einerseits lag ihre Wohnung recht hübsch in der Nähe des Palais des Papes, andererseits stritten die beiden unheilig viel. Sine dachte, dass sie ja ohnehin gerade auf dem Weg nach Rom war, und so beschloss sie am dritten Tag, von einer päpstlichen Stadt in die andere zu ziehen.

Um von Avignon wegzukommen, können Tramper recht malerisch an der Route nationale vor der Festungsmauer stehen. Der Anblick der 600 Jahre alten Steine entschädigt für manch lange Wartezeit. Im 14. Jahrhundert hatten Päpste die Befestigung in Auftrag gegeben, um ihre Stadt vor den Söldnerheeren zu schützen, die sich in Friedenszeiten ein bisschen langweilten, vorüberziehende Karren und Kutschen anhielten und in die Städte einfielen. Mitunter schlossen sich diese mittelalterlichen Hitchhiker zu Heeresstärken von mehreren Tausend

Mann zusammen, die ihre Belagerung so lange ausdehnten, bis ein Mensch in Chefposition ihnen für ihr Verschwinden große Summen Geld bot, so geschehen 1361 in Avignon durch den damaligen Papst.

Sine blickte dem Strom von Renaults, Peugeots, Citroëns und Talbots entgegen, der sich aus dem Stadttor ergoss, und versuchte, nicht zu abschreckend auszusehen. Das halbe Jahr, das sie nun schon auf der Straße verbrachte, hatte sich nicht eben günstig auf ihr Aussehen ausgewirkt. Nach etwa einer Stunde hielt ein älterer Mann, der ihr anbot, sie 50 Kilometer weiter bis nach Apt zu fahren, er müsse nur vorher noch etwas in Fontaine-de-Vaucluse erledigen. Er war ein Mann in den Fünfzigern, mit grauem Bart und gesunder Haut, dem man ansah, dass er einen Großteil seines Lebens im Freien verbracht hatte. Nachdem sie eine gefühlte Ewigkeit ausgiebig miteinander geschwiegen hatten, begann der Mann zu erzählen. Er arbeite jetzt in der Tourismus-Branche, berichtete er, und habe viel mit Eseln zu tun. Sine brauchte einen Augenblick, bis sie verstand, dass er nicht die Urlauber meinte. Mit den Eseln veranstaltete er Wanderungen durch die Gegend. Seinen Beruf als Gärtner hatte er wegen einer Hyazinthen-Allergie aufgegeben. Während er sich das Lenkrad seiner Dyane zwischen die Knie klemmte, fischte er aus einem Fach unter dem Armaturenbrett einen Bildband hervor und klopfte auf die Seite, auf der die Blumen des Bösen abgebildet waren. Sine mochte den Mann.

Es war immer noch warm und hell, als sie in Fontaine-de-Vaucluse ankamen. Der Mann schlug ihr vor, entweder mitzukommen oder so lange an der Sorgue spazieren zu gehen.

Sine wählte den Fluss, der türkis und smaragdfarben war. Nachdem sie etwa zehn Minuten gewandert war, gelangte sie an die spiegelglatt schimmernde Quelle. Sine hatte bis dahin nicht gewusst, dass Quellen von solch ruhigem Wasser waren. Eine Gruppe japanischer Urlauber drückte ihr einen kleinen Apparat in die Hand und stellte sich vor die Quelle, dass es sehr schön aussah, die schwarzen Haare vor dem glatten Saphir.

Dort hat Petrarca immer gesessen und an seine Laura gedacht, erklärte ihr der Fahrer später. Petrarca, wissen Sie – der das Sonett erfunden hat.

Sie war im Lubéron-Gebirge gelandet, dem Stück zwischen Côte d'Azur und Voralpen, 300 Kilometer von der italienischen Grenze entfernt. Draußen goss eine orangefarbene Sonne ihr Licht in die Bäume. In einiger Entfernung konnte sie eine Frau auf einem Pferd erkennen. Die Frau trug rote Hosen und ein blaues Hemd, etwas Grünes flatterte hinter ihr. Einen Moment lang glaubte Sine, sie käme auf die Landstraße, doch die Reiterin folgte einem Weg, der in einer plötzlichen Krümmung von der Straße fortführte. Dann fiel sie in Galopp.

Der Motor der alten Dyane ratterte gleichmäßig, Sine schloss die Augen. Sie dachte an Petrarca und Laura und daran, dass ein Verliebter Dinge tun kann, an die sich Menschen noch 600 Jahre später erinnern. Sie wünschte sich, dass sie auch etwas Sinnvolles und Zeitüberdauerndes tun könnte, und dachte an das Kunststudium, das sie bald beginnen wollte, wenn ihr Jahr auf der Straße um war. Als sie aus dem Fenster blickte, hatte sie Lust zu malen.

Inmitten der flachen Felder neben der Straße tauchten felsige Berge auf. Ein Dorf duckte sich hinein. Es sah hübsch aus, die ersten

Lichter waren in den Häusern angezündet, sodass es aussah, als funkelte in den Bergen ein Schatz.

Zum ersten Mal seit Beginn ihrer Reise überlegte Sine, wie es wohl wäre, nicht mehr weiterzuziehen. Einfach dort zu bleiben, wo sie jetzt war. Nicht, weil sie das Trampen nicht mehr mochte, sondern weil es so unfassbar schön hier war.

Es war dunkel, als sie Apt erreichten, und Sine beschloss, in dem Ort zu übernachten. Sie schulterte ihre Schultasche, klemmte sich den Schlafsack unter den Arm und wanderte durch die mit Kopfstein gepflasterten Straßen auf der Suche nach einem Nachtlager. Auf der Terrasse eines vollbesetzten Cafés saß eine Gruppe von Menschen und winkte ihr zu. Sie setzte sich zu ihnen, und es wurde ein Abend, an dem sie viel redete, viel lachte und sich die Geschichten der anderen anhörte. Einer der Jungen bot ihr an, sie zu beherbergen, aber sie lehnte ab.

Gegen ein Uhr morgens wanderte sie aus dem Ort hinauf in Richtung Berge. Dort fand sie einen Obstgarten, in dem sie ihren Schlafsack ausrollte. Über ihr spannte sich ein von Sternen übersäter Himmel. Es war fast still.

Sie erwachte bei Sonnenaufgang, weil ein Maultier schrie. Zinkfarbene Schwaden wallten über die Wiese. Während sie barfuß durch den Tau wanderte, spürte sie, dass ihre Sinne viel schärfer als üblich waren. Der holzige Thymian kratzte an ihren Knöcheln, Kräuter dufteten, bunt quoll es am Himmel auf. Hierbleiben, dachte Sine. Nie mehr weiterfahren. Etwas Schöneres finde ich nicht.

Sie fuhr dann doch weiter. Der erste Autofahrer, der sie mitnahm, warnte sie vor der Schlucht bei Cadenet. Dort waren in letzter Zeit etliche Überfälle geschehen. Sine hatte aber keine andere Wahl, als die Schlucht zu durchqueren. Ihr Ziel war Aix-en-Provence und von da an weiter in Richtung Mittelmeer und italienische Grenze. Zu ihrem Erstaunen hielt als Nächstes ein Motorradfahrer an. Der Mann hatte für den Fall der Fälle einen zweiten Motorradhelm mit. Er war auf dem Weg nach Griechenland und hatte nichts dagegen, sie bis nach Rom mitzunehmen. Wer nach Griechenland wollte, sagte er, für den läge

Rom doch auf dem Weg. Nur zwei Stunden später düste Sine auf dem Soziussitz einer Yamaha die Côte d'Azur entlang.

Per Anhalter mit einem Motorradfahrer unterwegs zu sein, hat ein paar echte Vorteile: Man wird nicht angefasst. Wenn es überhaupt zur körperlichen Kontaktaufnahme kommt, so geht der Impuls vom schwankenden Mitreisenden hintendrauf aus. Außerdem entfällt die Kommunikation, zumindest während der Fahrt.

Auf einem Rastplatz hinter Nizza erzählte der Fahrer, dass er Eric heiße und schwul sei. Er habe aber nichts dagegen, dass sie sich an ihm festhielte, während er fuhr. Ab da probierte Sine sehr aufrecht zu sitzen, mit den Händen an den Griffen neben sich. Doch kurz vor Monaco, als Eric sich so scharf in die Kurve legte, dass sie mit dem Knie fast den Asphalt berührte, klammerte sie sich wieder an seinen Hüften fest. Bei Roquebrune-Cap-Martin teilten sie sich ein Baguette und sprachen über Politik. Eric erzählte, dass er den Faschismus für die beste Staatsform hielte. Sine glaubte ihm erst nicht, denn Eric sah aus wie ein Punk. »Nein, Skin«, rückte Eric ihr Bild zurecht.

Immer wieder dachte Sine an die Landschaft, die sie hinter sich gelassen hatte. Der Maler Henri Matisse hatte über die Provence gesagt: »Als mir klar wurde, dass ich dieses Licht jeden Tag wiedersehen würde, konnte ich mein Glück kaum fassen.« Noch immer fragte sie sich, warum sie weitertrampte, warum sie die Länder erkunden wollte, die hinter dem Horizont lagen, warum sie annahm, dass es woanders besser wäre. Sie hätte hier in Südfrankreich eigentlich aufhören können. Die Wette mit Max war ihr mittlerweile egal.

In Ventimiglia gingen sie abends in eine Bar, in der *The Walk* lief, und wie immer, wenn Sine jetzt ein Lied von diesem Cure-Album hörte, dachte sie an Peter und Ulrich und an ihr Wochenende in Paris. Eric erzählte, dass er in Bologna einen Freund besuchen wolle. Sie könne dort sicher ebenfalls übernachten, Eric würde sich freuen, denn obwohl sie ein Mädchen war, mochte er sie. Er sagte nichts über die Dauer seines Besuchs. Hätte sie gewusst, dass aus der vermeintlichen einen Nacht vier Wochen werden sollten, hätte sie es sich vielleicht anders überlegt. So aber sagte sie, ein Besuch in Bologna klänge ganz gut.

WORTLOSE VERSTÄNDIGUNG

Es ist doch immer wieder beruhigend zu sehen, wie viele Zeichen der gemeine Verkehrsteilnehmer auch in Gegenden entziffern kann, deren Landessprache er nicht beherrscht. Die universalgrammatikalischen Gesetze der Straße werden nur in Ausnahmefällen nicht verstanden oder von Bewohnern der Stadt Marseille. Henri, ein Fahrer, der Max mit nach Zürich nahm, war in dieser rasanten Mittelmeerstadt aufgewachsen und wurde nicht müde, Max davon zu erzählen. Das Gebaren der Schweizer Verkehrsteilnehmer war dem Marseiller Geschäftsmann schleierhaft, und er regte sich recht malerisch über die Gesetzestreue und die Langsamkeit der Eidgenossen auf. Als sie nach Zürich hineinfuhren und sie sich in eine längere Schlange von Schweizer Fahrzeugen einreihen mussten, die an einer roten Ampel darauf warteten, losfahren zu dürfen, verlor er die Geduld. Es käme doch überhaupt keiner von der Seite, wütete er, bei ihm zu Hause würde man die jetzt alle weghupen, und dann wäre freie Fahrt.

Max' ausgestreckten Daumen hatte er jedoch richtig interpretiert, und das taten eigentlich alle Autofahrer. Deshalb war es auch müßig, darüber zu debattieren, ob ein beschriebenes Pappschild oder der Daumen ausschlaggebend für das weitere Fortkommen war, ebenso die Frage, ob der Daumen der besseren Sichtbarkeit wegen nach oben zeigen sollte oder schräg nach hinten in Richtung der gewünschten Fahrtrichtung. So wie es dem amerikanischen Linguisten Noam Chomsky zufolge Kindern möglich ist, während des Spracherwerbs Hypothesen über zugrundeliegende Muster zu erkennen, so erfasst der geneigte Verkehrsteilnehmer intuitiv die Zeichen unterwegs. Ein Tramper weiß, auch ohne dass er dafür Unterricht nehmen musste, dass der nach unten gestochene Zeigefinger eines Autofahrers bedeutet, dass er im Ort bleibt und deshalb nicht hält. Ein Zeigefinder, der rückwärts über die Schulter weist, bedeutet dem Tramper, dass sich der Fahrer in der Richtung geirrt hat und gleich wieder umkehren muss. Nach oben gestreckte Handflächen mit gleichzeitigem Schulterzucken signalisieren dem Wartenden

am Straßenrand, dass die Bereitschaft zur Mitnahme grundsätzlich vorhanden ist, dass dies aber aus irgendwelchen bedauerlichen Gründen nicht geht. Ein gegen die Stirn getippter Zeigefinger hingegen sagt deutlich: Wie kannst du nur so verrückt sein zu glauben, dass an dieser bekloppten Stelle irgendjemand für dich halten wird? Oder vielleicht auch: Hallo? Ich halte doch nicht für ein menschliches Risiko?! So oder so weiß der Tramper, was der betreffende Autofahrer von ihm hält. Doch genau wie bei lebenden Sprachen kann es im Verkehrscode mitunter zu Ungereimtheiten kommen. Zum Beispiel verstand Max nicht, was es zu bedeuten hatte, wenn ihm die Autofahrer auf den österreichischen Landstraßen zuwinkten. Pfia di, Tramper? Auch wenn ich dich nicht mitnehme, soll Gott dich beschützen? Und war Ironie im Spiel, wenn ein Autofahrer ihm die Faust mit gerecktem Daumen zeigte und dann an ihm vorbeisauste?

Das Abtauchen in eine voralphabetisierte Zeit ist jedoch sinnvoll, wenn es im Wagen zum Austausch von Basisinformationen kommt. Auf seinem Weg durch die Schweiz war Max großenteils gezwungen, nonverbal zu kommunizieren, denn auch wenn die meisten Schweizer mehrere Sprachen beherrschten, hatten sie nur selten solche im Repertoire, die Max auch verstand. Vor allem in Graubünden, einem Kanton, in dem die Schulbücher Mitte der Achtzigerjahre noch in sieben Sprachen aufgelegt wurden, hatte er Mühe, sich mit den Fahrern über das Reiseziel handelseinig zu werden. Ein Engländer, der eine Dame aus Chur geheiratet hatte und sich somit ein wenig mit den Graubündner Rätseln auskannte, erläuterte ihm die Sprachgeschichte dieses Kantons. Der Legende nach hatte der Allmächtige Herr einem Engel namens Logos die Aufgabe zugeteilt, alle Länder der Erde mit in göttlicher Produktion entstandenen Samen aus Sprachblumen zu versorgen. Logos flog also mit diversen Säcken los und schüttete das Saatgut der Verständigung über die Menschheit aus. Nach getaner Arbeit wollte er zurückreisen, doch kurz vor der Abzweigung zum Paradies gewahrte er, dass die Bewohner von Graubünden leider stumm geblieben waren. Um sie nicht auf ein Leben zu reduzieren, das aus Verkehrsschildern und Handzeichen bestand, vermengte er das übrig gebliebene Saatgut aus dem Indogermanen, dem Kelten- und dem Romanensack und warf die so entstandene Mischung über die Köpfe in den rätischen Alpen aus.

Auch wenn dieser Akt sicher nicht zur Völkerverständigung zwischen Graubündnern und dem Rest der Welt beigetragen hat, so änderte das doch nichts an der prinzipiellen Mitteilsamkeit der Menschen hier. Max fand die Alpenregion mysteriöser und schwerer zugänglich als alle anderen Länder, die er bislang bereist hatte, und überhaupt fand er es schwierig, hier per Anhalter zu fahren. Es gab wenige Landstraßen, an denen sich geeignete Tramperplätze präsentierten, alles war entweder kurvig oder führte steil bergauf oder bergab. Nach zwei Wochen zwischen Matterhorn und Vorarlberg, in denen er unablässig über die Höhepunkte seiner Zeit mit Madeleine nachdachte, beschloss er, nach Carcassonne zurückzufahren. Er schrieb seiner Angebeteten eine Postkarte, um sie von seinem Kommen zu informieren, und vielleicht lag es daran, dass er keine Adresse hatte, an die sie ihre Antwort hätte schicken können, aber als er im Oktober wieder in Carcassonne eintraf, war Madeleine nicht da. Er klingelte bei Nachbarn, um nach ihrem Verbleib zu forschen, und es hieß, sie sei verreist. Dann rief er bei seinen Eltern an, um herauszufinden, ob Madeleine ihm vielleicht geschrieben hatte, aber das hatte sie nicht getan. Es ging auf November zu, als er endlich einsah, dass sie ihm entweder aus dem Weg ging oder dass sie ausgewandert war. Ihr Schweigen und ihre Abwesenheit waren ein nicht zu übersehendes Zeichen. In der universellen Sprache, die er mittlerweile beherrschte, sagte sie ihm damit deutlicher als ihm lieb sein konnte: Ich bin nicht mehr interessiert.

ALLE WEGE FÜHREN NACH ROM

Stéphane war ebenfalls schwul und Faschist. Er lebte in einer Hochhaussiedlung etwas außerhalb von Bologna in einer Wohngemeinschaft, wie sie heterogener kaum sein könnte. Vincenza und Lorenzo waren feierlustige Geschwister aus Sardegna, Vincenzas Freund Daniel ein Sprachwunder aus New York, der chinesische Filme ins Italienische übersetzte, und Patrizia war Schauspielerin. Der ständig übelgelaunte Stéphane wirkte wie ein Fremdkörper inmitten dieser Ansammlung von freundlichen Menschen, aber niemand setzte sich gegen ihn zur Wehr. Seinem ausgefallenen Musikgeschmack verlieh er gern auch während der Mahlzeiten lautstark Ausdruck. Sine hasste es, beim Essen Punkmusik zu hören. Seitdem sie per Anhalter reiste, aß sie nicht mehr besonders regelmäßig – umso mehr genoss sie es dann. Wenn es aus den Boxen jedoch dröhnte: »Oi oi – destroy it – oi oi – let's fuck it!«, war es mit dem Genuss schnell dahin.

Natürlich hätte sie jetzt auch allein weitertrampen können, sie war ja nicht auf Eric und sein Motorrad angewiesen, aber es kam einfach jeden Tag etwas dazwischen: eine Party, ein Ausflug nach Ravenna, Vincenzas Liebeskummer, als Daniel eine Chinesin kennenlernte, ein Fernsehabend mit der WG. In Italien regierten bereits Mitte der Acht-

zigerjahre die Privatsender, und bei großen Spielfilmen gab es spätestens alle 20 Minuten eine Werbefilmunterbrechung. An einem Abend
sahen sie *Apocalypse Now,* einen Film, der Eric und Stéphane begeisterte, und von dem Sine später nur erinnerte, dass sehr viel Zahnpasta darin vorkam, aber auch Pizza, Hundefutter und Lebensversicherungen.

Am nächsten Tag traf sie Daniel in der Stadt. Er hatte die Chinesin
im Arm, und an ihren winzig kleinen Pupillen und dem glasigen Blick
konnte Sine erkennen, dass sie fixte. Sie fragte Daniel, warum er mit
Stéphane und den Sarden zusammengezogen war, und warum er jetzt
eine Heroinsüchtige lieben würde, und er antwortete: »Die einzigen
Menschen, die mich interessieren, sind die Verrückten, die verrückt
leben, verrückt reden und alles auf einmal wollen, die nie gähnen oder
Phrasen dreschen, sondern wie römische Lichter die ganze Nacht lang
brennen, brennen, brennen.«

Sie nickte. Die Worte sprachen ihr aus der Seele. Auch sie mochte
nur Menschen, die für etwas brannten, die als Feuerwerk am Himmel
aufgingen, egal, wie seltsam dieses Etwas war. »Ein schöner Satz.«

Daniel sagte: »Er stammt nicht von mir. Das hat Jack Kerouac
geschrieben in seinem Tramperroman *On the Road.* Der würde dir bestimmt gefallen.«

Doch Sine wollte ihre eigenen Erfahrungen *on the road* machen,
nicht die eines anderen lesen. Am nächsten Tag fragte Eric, ob sie wieder aufbrechen wollten. Und Sine sagte ja.

Mit dem Motorrad in Rom einzufahren hatte etwas Triumphales. Sine
reckte die Faust, als sie am Kolosseum vorübersausten. Dann aber
musste sie sich wieder an Eric festhalten, der im Zickzackkurs zwischen
Vesparollern, Autos und verblüffend stoischen Fußgängern durch die
Stadt raste. So mussten sich die römischen Wagenlenker vor 2000 Jahren gefühlt haben, dachte sie, erhaben und dem Tod trotzig ins Auge
starrend. Von den sagenhaften 60 000 Sesterzen, die so ein Wagenlenker pro Sieg einstrich, konnte sie natürlich nur träumen, denn sie teilte
das Schicksal aller Tramper und war arm. Das Geld, das sie bei der

Weinernte in Frankreich verdient hatte, hatte sie in Bologna aufgebraucht. Rom erschien ihr aber als eine Stadt, in der man ebenfalls Einnahmen tätigen konnte, genügend womöglich, um den Winter durchzustehen.

Weil es bei ihrer Ankunft Nacht war, schlug Eric vor, sich eine Schlafstätte zu suchen. Sine hatte das Gefühl, dass er den Abschied von ihr etwas hinauszögerte, und tatsächlich fragte er sie später in der Jugendherberge, ob sie denn wirklich keine Lust hätte, nach Griechenland mitzukommen. Sine sagte nein, jetzt noch nicht, außerdem bräuchte sie erst einmal Geld.

Wer schon immer mal eine Nacht durchwachen wollte: Der Mädchenschlafraum in der Herberge am Tevere eignet sich hervorragend dafür. Zunächst einmal sind da die Mädchen. Es wird viel geredet und gekichert in dem Raum. Und dann ist da die Stadt, eine glänzende, pulsierende Metropole, in der geliebt, gestöhnt und gestritten wird – auch auf der Straße. Vespas knattern, aus heruntergekurbelten Autofenstern hämmert ein Lied, eine Kirchturmglocke läutet, dann noch eine andere, ein vielstimmiges Konzert. Sine lag in der Dunkelheit und versuchte, sich die Menschen da draußen vorzustellen, wie sie von einem Punkt zum anderen eilten, jeder wollte irgendwo hin, alle hofften, in der anderen Richtung etwas Neues zu finden, etwas Besseres vielleicht, Ruhe, Ablenkung, jemanden, der einen liebt. Sie dachte an all die Menschen, die in den vergangenen Monaten in ihr Leben getreten waren, Menschen, denen sie niemals begegnet wäre, hätte sie nicht am Straßenrand gestanden; Menschen, die von einem Punkt zum anderen eilten. Und sie selbst mittendrin. Kurz vor Sonnenaufgang schrubbte ein Reinigungswagen seine runden Bürsten über das Pflaster. Da beschloss sie, dass es Zeit wäre aufzustehen.

Nach dem Kaffee fragte sie an der Rezeption, ob sie zufällig eine Aushilfe bräuchten. Sie hatte Glück. Drei Tage später sollte eine Schulklasse aus Turin ankommen, und die Herbergsmannschaft benötigte Verstärkung beim Bettenmachen und im Frühstücksraum.

Die Telefonnummer, die Thore ihr gegeben hatte, stimmte nicht. Sie hatte keine Ahnung, wie sie ihn jetzt finden sollte, und irgendwie war es ihr auch egal. Weil sie kein Geld mehr hatte, schlief sie in den nächsten zwei Nächten im Park hoch oben bei der Villa Borghese. Es war schon Oktober und nicht mehr sonderlich warm. Eric legte seinen Schlafsack neben ihren, und so hielten sie sich warm. In der Nacht, unter einem funkelnden Sternenhimmel, strömten die Töne der Stadt wie durch einen Schalltrichter zu ihnen herauf: das Glockenläuten, die Stimmen und die Motorengeräusche all jener, die an einem anderen Punkt etwas suchen, das für sie besser ist. Am dritten Tag, als die Sonne aufging und die Nebel im Park sich lichteten, verabschiedeten sie sich voneinander.

Sine arbeitete noch sechs weitere Wochen in der Jugendherberge am Tevere, dann hatte sie genug. Sie dachte daran, dass sie in der Ewigen Stadt nicht ewig würde bleiben können, und für ein Leben draußen wurde es langsam zu kalt. Vom Fenster ihres Schlafsaals im zweiten

Stock konnte sie den Raureif auf den Dächern erkennen, und auf der nahe gelegenen Piazza Navona bauten Budenbesitzer einen Weihnachtsmarkt auf. Mitte Dezember beschloss Sine, nach Kreta zu fahren. Sie hoffte ein bisschen, Eric wiederzufinden, dann wäre auch für die Rückfahrt auf dem Motorrad wieder gesorgt. Jetzt musste sie in Italien aber zum ersten Mal wirklich per Anhalter reisen. Die Probleme, die damit auf sie zukamen, waren ihr nicht bewusst.

ZIELORT ERREICHT

Es ist ein mitunter humoristisch kommentiertes Phänomen, dass Menschen, die in Mittelmeernähe wohnen, die Gesellschaft ihrer Mitmenschen schätzen. Selbst in der Metropole Marrakesch lässt der Homo mediteraneensis seine Haustür offen, auf dass sein Nachbar mit ihm über das Wetter oder die Politik debattieren oder eine frisch zubereitete Mahlzeiten probieren könne. Ein Pkw mit noch vier freien Sitzen ist hier fast gleichbedeutend mit Isolationsfolter, und so ist es nicht verwunderlich, dass die Tramper zwischen Tanger und dem von Berbern besiedelten Süden des Landes weggehen wie geschnitten Brot. Einzig beim Erreichen des Fahrtziels müssen die Europäer gewisse Abstriche in Kauf nehmen, denn nicht selten geht es vorher erst einmal zur Familie oder aber der Fahrer lenkt den Wagen zu einer Verkaufsfläche, wo die Fahrt dann mitunter auch endet.

Nach einer fünfwöchigen Tour durch Südfrankreich, Spanien, Portugal und wieder Spanien bis nach Tarifa, war Max in Marokko gelandet, und er war überwältigt von dem Land. Es war eine Welt voll von Ziegen, die in Bäume klettern, von Menschen in vielfarbigen Hüllen, die ihre Hände nach ihm ausstreckten, um ihn um Geld zu bitten oder um ihm etwas zu schenken. Schief gearbeitetes Silber, schräge Töne, weiß leuchtende Häuser mit bunten Rahmen, eine Sonne, die alle erschöpft und erhitzt zurücklässt, wenn sie wie eine riesige, gelbe Frucht über den

Horizont rutscht, um Abschied zu nehmen. In der dezemberlichen Mittagssonne waren es 24 Grad.

Die letzten Kilometer nach Essaouira legte er mit einem funktionierenden Citroën, einer intakten Windschutzscheibe und drei Franzosen zurück. In der Stadt am Atlantik wollte er sich im April mit Sine treffen, allerdings hatte er seit ihrer gemeinsamen Abiturfeier nichts mehr von ihr gehört. Ob sie sich an ihre Verabredung überhaupt noch erinnerte? Und wenn ja, würde es ihr wohl gelingen, bis nach Marokko zu reisen? Zur verabredeten Zeit? Er überschlug die Anzahl der Länder, die er seit Mai bereist hatte und überlegte, ob er in den verbleibenden vier Monaten nach Europa zurückkehren sollte, aber er hatte nicht mehr viel Geld übrig, und hier lebte er günstiger als anderswo.

Essaouira erreichte er in den frühen Abendstunden. Er sah die Wüste, die übergangslos zu Strand wurde, den Atlantik mit seinen gewaltig schäumenden Wellen, und ihm war, als zerstäube eine Last auf seinen Schultern. Er wollte nicht mehr darüber nachdenken, was er tun sollte, wenn das hier alles zu Ende war, welchen Beruf einmal ergreifen, welche Rolle im Leben spielen. Er wollte jetzt einfach nur dableiben und auf Sine warten. Er machte sich auch ein bisschen Sorgen um sie.

MINZTEE UND WÜSTENWIND

Sportliches Denken kann beim Trampen nicht schaden – wer glaubt, dass er sein Ziel nicht erreichen wird, braucht gar nicht erst anzufangen. Entsprechend wichtig ist es, das Durchhaltevermögen zu trainieren und eine Haltung zu entwickeln, die einen nicht von vornherein wie ein Mitglied des Verliererteams aussehen lässt. Frauen, die im sexuell aufgeladenen Italien der Siebziger- und Achtzigerjahre am Straßenrand standen, taten in jedem Fall gut daran, auf die Standbein-Spielbein-Variante zu verzichten und so aufrecht wie möglich am Straßenrand zu stehen. Ein grimmiger Gesichtsausdruck war ebenfalls von Vorteil. Eine Tramperin, die auf italienischen Straßen allein unterwegs war, wurde auch ohne Flugbegleiterinnen-Lächeln mitgenommen, und das zumeist binnen kürzester Zeit. Nicht die langen Wartezeiten waren also Sines Sorge, sondern dass sie den Fahrern glaubhaft vermitteln konnte, dass es auf der gemeinsam zurückzulegenden Strecke weder Tomatensaft noch andere Flüssigkeiten im Ausschank gab.

Es musste ein seltsam Feuer sein, das ehedem in der Brust des italienischen Autofahrers loderte, denn was auch immer Sine auf ihrer winterlichen Fahrt von Rom nach Brindisi äußerte – erstaunlich vielen gelang es, ihre Worte als Steilvorlage für Annäherungen jedweder Art anzusehen. In San Cesareo wurde sie von jemandem mitgenommen, der in Valmontone seine Großmutter besuchen wollte, die offenbar im Sterben lag. Das Gespräch verlief in ausgesucht höflichem Ton, sofern man es ein Gespräch nennen konnte, denn Sine sprach ihr Kauderwelsch und der Fahrer seins. Nachdem der Mann sich nun seinerseits nach dem Ergehen von Sines Großmutter erkundigt hatte, besprach er mit ihr auf die kultivierteste Art das Familienleben im Allgemeinen und in Italien, bis sie die letzte Ausfahrt vor Valmontone erreichten. Da hielt der Mann den Wagen an und räusperte sich. Mit einer Ritterlichkeit, als würde er sich erkundigen, ob Sine beim Taschentragen noch Hilfe benötigte, fragte er sie, ob sie mit ihm »Liebe machen« wolle. Sine lehnte ebenso höflich wie entschlossen ab. Der Mann nickte taktvoll, wünschte ihr noch eine gute Weiterfahrt und brauste davon.

Sie sollte noch mehrmals in Situationen geraten, in denen die Fahrer ihren Heimvorteil schamlos ausnutzten, schlug sich aber in der Regel schneidig. Nur einmal musste sie ihr Tränengas einsetzen – das hatte sie nun immer griffbereit.

Den Griechen sprach sie auf einem kleinen Rastplatz vor Bari an. Er hatte schwarze Haare, blaue Augen und sprach ein gutes Englisch. Über sein Leben und was er in Italien machte, erzählte er gar nichts, aber er war witzig, in keiner Weise anzüglich, und Sine hatte während der Fahrt viel Spaß mit ihm. Als sie in Brindisi ankamen, sagte er, dass er erst später nach Griechenland übersetzen würde, aber er gab ihr seine Adresse in Heraklion auf Kreta und lud sie ein, ihn dort zu besuchen, er heiße Ari, kurz für Aristoteles.

Sine besuchte Ari bei 14 Grad Celsius Anfang Januar. Er wohnte bei seinen Eltern in einem Vorort von Heraklion und schien erstaunt, sie wiederzusehen. Eine Woche später, als klar war, dass die Polizei Ari in Heraklion suchte, folgte sie ihm sogar nach Athen. Sie fand Ari faszinierend, weil er seinen Lebensunterhalt mit widerrechtlichen Aneignungen der amüsantesten Art bestritt. Zwei Tage nach ihrer Ankunft in Athen brach er in ein Reisebüro ein, um die dort lagernden Pässe zu entwenden. Er brauchte eine neue Identität. Leider stellte sich heraus, dass keiner der 32 Griechen, deren Pässe er mit nach Hause brachte, blaue Augen hatte, und so brach er in ein zweites Reisebüro ein. Dass er die Pässe im Backofen seiner Küche versteckte, bemerkte Sine erst, als sie ihm zu seinem Geburtstag einen Kuchen backen wollte. Sie erlebte noch andere tolle Geschichten mit ihm, aber die zu erzählen, würde jetzt vom Thema ablenken. Es reicht festzustellen, dass Ari eine Art Aufstieg in der Kriminellenliga bevorstand, und dass sein Einbruchstrainer darauf bestand, dass Sine einen Platzverweis erhielt. Ari bot ihr daraufhin an, für einen Flug in eine Stadt ihrer Wahl zu zahlen, höflichgriechisch für »Du bist hier im Weg«, und Sine wählte Marrakesch. Ende März traf sie dort ein.

Ihr war klar, dass das Tramperinnenleben in Marokko mindestens ebenso nervenaufreibend wie das Tramperinnenleben in Italien sein würde, aber erst einmal hatte sie ja auch zwei Wochen Spielpause in Marrakesch.

Das Erste, was sie bemerkte, waren die Frauen. Die Mädchen gingen Arm in Arm, lächelten ihr zu und berührten sie, um zu wissen, wie sich ihre helle Haut anfühlte. Einige luden sie zum Tee zu sich nach Hause ein. Innerhalb eines Tages hatte Sine so viele Frauen kennengelernt wie in den vergangenen drei Monaten. Ihre zweite Erkenntnis: Mit der Körperhaltung, die sie beim Trampen gelernt hatte – aufrecht, siegreich –, war sie auch in Fußgängerstraßen weitgehend gegen Zudringlichkeiten gefeit. Überall saßen Behinderte und Krüppel, die ihr mit milchigem Blick die Hand entgegenstreckten. Fliegen umsirrten ihre schwärenden Wunden. Alles in diesem Straßenleben changierte zwischen Extremen, und die Straßen selbst sahen auch immer anders aus. In der Färbergasse leuchteten an einem Tag zitronengelbe Stoffe, am nächsten Tag war alles kornblumenblau. Und dann waren da die Geräusche, Mofa-Knattern, Tamtamgetrommel und Marktgebrüll. Auf den Straßen schienen keine Regeln zu herrschen, jeder fuhr in die Richtung, die ihm gerade gefiel.

Nach Essaouira reiste sie per Bus. Die Fahrt an die Atlantikküste dauerte drei Stunden und führte durch die Wüste.

Und dann fuhr sie doch per Anhalter. Und das kam so: Sie erreichte Essaouira am frühen Vormittag, suchte sich eine günstige Unterkunft im Ort und wollte an den Strand gehen, um das Meer zu sehen. Die Frau in der Herberge riet ihr, einen Stock mitzunehmen, wegen der wilden Hunde, die auf dem Weg herumstreunten. Nachdem sie einige Minuten gegangen war, bemerkte sie zwei Jungen, die sich hinter ihr balgten. Schließlich tauchte einer der beiden hinter ihr auf und erklärte ihr auf Französisch, dass er sich mit seinem Freund darum gestritten hätte, wer sie begleiten dürfte und er hätte nun gewonnen. Sine nahm ihre unnahbare Tramperhaltung ein und erwiderte, dass sie keine Begleitung benötigte. Der Junge ließ sich jedoch nicht abwimmeln und folgte ihr. Sine fühlte sich latent beunruhigt, denn der Junge wich ihr nicht von der Seite. Erst als ein Mädchen sie ansprach, um sie zum Tee einzuladen, wurde sie ihn los. Drinnen im Haus sagte das Mädchen, sie hätte gesehen, dass Sine von jemandem verfolgt worden wäre. Sie verbrachten mehrere Stunden miteinander, das Mädchen servierte ihr Minztee und Fladenbrot mit Honig, und schließlich bemerkte Sine, dass es draußen dunkel geworden war. So machte sie sich wieder auf den Weg. Mondlicht glitzerte auf dem Wüstensand, und es war weit und breit niemand zu sehen, als sie aus der Tür nach draußen trat.

Doch kaum war sie ein paar Schritte gegangen, trat der Junge erneut auf sie zu. So dicht ging er jetzt neben ihr, dass sie die Hitze spürte, die von seiner Haut aufstieg.

Eine Welle der Panik stieg in ihr auf. Sie dachte an den Fahrer mit den verfaulten Zähnen, der sie in ein belgisches Waldstück entführen wollte, an die italienischen Fahrer, und auf einmal wich die Angst einer riesigen Wut. Warum konnte sie verdammt noch mal nicht allein reisen, warum wurde sie belästigt, wofür hielten sich diese Iglesias-Hörer eigentlich? Sie wusste, dass der Junge ihr Angst einjagen wollte, und bei dieser Erkenntnis wurde ihr schwindelig vor Wut.

»Vorher werde ich aber mal was singen«, sagte sie. »Und du musst mitsingen. Ich bin sicher, du kennst dieses Lied.«

Der Junge blickte sie überrascht an.

»Allons enfants de la Patrie«, stimmte Sine die französische Nationalhymne an. »Le jour de gloire est arrivé!«

Der Marokkaner war bleich geworden, und Sine sah, dass er die Fäuste ballte. »Na, komm schon, sing!«, forderte sie ihn auf. »Das wolltest du doch!«

»Allons enfants de la Patrie«, brachte der Junge zwischen zusammengebissenen Zähnen hervor.

Im Geist segnete Sine ihren alten Französischlehrer, der ihnen den Text eingebläut hatte. Doch was würde sie tun, wenn das Lied zu Ende war?

In diesem Moment hörte sie ein Motorengeräusch. Mitten in der Wüste rollte ein Auto heran. Ohne nachzudenken, hob Sine den Arm und reckte den Daumen nach oben. Der Wagen hielt. Er trug ein spanisches Kennzeichen, und im Inneren erkannte Sine drei Männer mit schwarzen Haaren.

Sie zögerte. Womit käme sie wohl besser zurecht? Mit einem Marokkaner oder drei Spaniern? Sie entschied sich für Letzteres. Kaum war sie eingestiegen, erkannte sie, dass auf der Rückbank kein Junge, sondern ein Mädchen mit kurzen Haaren saß. Sine lächelte und sagte auf Spanisch: »Vielen, vielen Dank!«

Am nächsten Tag wanderte Sine nach Essaouira hinein. Sie folgte der Hauptstraße, schritt unter drei Torbögen hindurch, schlenderte an palmenüberschatteten Bänken vorüber, bog ab und betrat einen kleinen Platz. Hier zwischen zwei Geschäften stand das Restaurant, das Max und sie sich ausgesucht hatten, damals in Hamburg, ein halbes Leben schien das nun her. Das Restaurant hatte eine große Glasscheibe, hinter der Europäer und Nordafrikaner zusammen aßen und in ihre Gespräche vertieft waren. Als Sine sich der Scheibe näherte, erkannte sie die tönernen Gefäße mit Couscous und Taginen voller Lamm und Fisch. An einem Tisch saß ein einzelner Junge mit einer dicken Brille. Er blickte auf und lächelte sie an.

Über Marokko ließe sich noch berichten, wie Sine und Max die Nacht in Essaouira zusammen verbrachten. Wie sie sich gegenseitig von ihrem Jahr erzählten, sich dabei mitrissen in den Strom ihrer Erlebnisse, wie sie bei Sonnenaufgang zum Strand liefen und sich in die Wellen warfen. Wie sie genau gleich viele Länder bereist hatten, nämlich alle, die es damals in Westeuropa gab. Wie sie sich darum stritten, wer beim Umherziehen mehr erlebt: derjenige, der so viele Orte wie möglich kennenlernt, oder jener, der langsam und aufmerksam reist.

TRAMPEN HEUTZUTAGE

In den Neunzigerjahren veränderte sich die europäische Landkarte, und die internationalen Flugpreise sanken auf Rekordniveau. Heute steigt man in ein öffentliches Verkehrsmittel ein und zu einer vorher festgelegten Zeit am Ort seiner Wahl wieder aus. (Außer man reist mit der Deutschen Bahn, aber das ist ein Buch für sich.)

Doch neulich, an der Autobahnabfahrt Hamburg-Stellingen, habe ich sie wieder gesehen: ein Mädchen und einen Jungen mit Rucksack und einem Pappschild in der Hand, auf dem Rückweg nach Kopenhagen. Im Auto unterhielten wir uns darüber, wie es ist, im 21. Jahrhundert zu trampen. Über das niederländische Modell mit seinen *Liftersplaats,* von den Kommunen finanzierte Haltebuchten für mitnahmebereite

Autofahrer. Über Seiten im Internet, auf denen Tramper Tipps und Erlebnisse austauschen. Über die iPhone-gestifteten Freuden von Google Maps und Musikdateien während langer Wartezeiten an den Autobahnauffahrten und Landstraßen dieser Welt. Und darüber, dass das Reisen per Anhalter ein Glücksspiel bleibt. Darüber, wie das Trampen einen verändert. Weil es einen dazu bringt, auch im Alltag einen Weg einzuschlagen, den man ursprünglich nicht unbedingt hat nehmen wollen. Wie man das dann gar nicht schlimm findet, sondern auf dem eingeschlagenen Weg weiterfährt, einem unbekannten Ziel entgegen. Und wie gut das häufig ist.

Wer heute derart über Los zieht, hat zumeist eine Lebensphilosophie. Andres Veiel sagt in seinem Dokumentarfilm *Die Überlebenden* aus dem Jahr 1996: »Unsere Gesellschaft ist geprägt von Effizienzdenken. Heute hat keiner mehr Zeit zum Trampen. Das Nichtvorhersehbare war der Reiz, der das Trampen in den Siebzigerjahren zum Volkssport machte.«

Ich denke mit vielen unterschiedlichen Empfindungen an meine Zeit auf Landstraßen und Autobahnen zurück. Die Dankbarkeit überwiegt.

▸

DANKSAGUNG

Ich möchte mich bei »Spiegel online« für die hervorragende Dokumentation über die Aktion Roter Punkt 1969 in Hannover bedanken, die für meine Darstellung der Ereignisse in diesem Buch sehr hilfreich war.

Eine große Dankesschuld besteht ferner gegenüber dem Autofahrer, der mich 1983 bis Wiesbaden mitgenommen hat und mir beim Aussteigen Geld für eine Zugfahrt und seine Telefonnummer gab, verbunden mit der Bitte, ich möge ihn anrufen, wenn ich in Saarbrücken gut angekommen bin. Ich habe die Nummer im nächsten Wagen versehentlich liegengelassen, und das tut mir bis heute leid.

Mein allergrößter Dank gilt meinen Eltern Anna und Rink Nielsen, die mich in den Siebzigerjahren auf Frachtschiffen über den Atlantik mitgenommen haben. Sie haben mir alles mit auf den Weg gegeben, was ein Mensch im Leben braucht.

Bildnachweis

S. 2: fotolia/tikanet; S. 4 f.: picture-alliance/dpa/Roland Holschneider; S. 6 f.: fotolia/PaulPaladin; S. 16 f.: ullstein bild – Roger-Viollet; S. 19: akg-images; S. 20: Straßen und Reisen 1989/90 Deutschland/Europa, Mairs Geographischer Verlag Ostfildern, S. 2; S. 25: Die Neuen, Die Aktuellsten Autos der IAA, F. X. Schmid Super Trumpf, 1980; S. 26 f.: imago/Sven Simon; S. 28: Zoonar/Dagmar Richardt; S. 34: ullstein bild – R. Dietrich; S. 40: fotolia/Visionär; S. 45: Getty Images/Jens Lucking; S. 48: ullstein bild – Mehner; S. 54: Historisches Museum Hannover, HAZ-Hauschild-Archiv; S. 58 f.: ullstein bild – CHROMORANGE; S. 66 f.: mauritius images/Prisma; S. 69: Digitalstock/mob!; S. 71: ullstein bild – Auto BILD Syndic; S. 75: Rue des Archives/RDA/Süddeutsche Zeitung Photo; S. 78: fotolia/philipus; S. 84 f., 87: ddp images; S. 89: JOKER/Petra Steuer; S. 93: Anzenberger/Fausto Giaccone; S. 96 f.: Süddeutsche Zeitung Photo/Kunert, Rainer E.; S. 102 f.: akg-images/Denise Bellon; S. 107: Digitalstock/ATLANTISMEDIA; S. 108 f.: fotolia/Gernot Krautberger

Willkommen woanders –
willkommen bei CORSO.

D ie Reise als Versuch, alles zu erfahren – das Leben, die Welt, sich selber«, schrieb Ryszard Kapuściński, der große Reporter.

Die Reise – ist sie nicht immer auch der Versuch, aus unserem Alltag aufzubrechen auf der Suche nach neuen, authentischen Erfahrungen, nach Erlebnissen und Anregungen?

Die Reise – folgt sie nicht auch der Sehnsucht, uns in der Begegnung mit dem Fremden selbst besser zu verstehen und vielfältig kulturell zu bereichern?

Reisen bleibt eine Fahrt ins Offene, die Suche nach neuen Horizonten, nach Sinnstiftung und Erkenntnis, nach *Welterfahrung und Herzensbildung.*

Wir halten *Neugier* für eine Tugend und glauben, dass die Welt noch lange nicht rund ist. Und ohne ein Verständnis von *Kultur* und *Geschichte* auch nicht runder wird.

Deshalb streift unser Programm durch verschiedene Kontinente, reisen unsere Bücher durch verschiedene Länder, die Literatur, Kunst und Geschichte heißen. Jedes Buch auf seine Art. Unsere Bücher sind *Flaneure,* die auch optische Eindrücke von ihren Reisen mitbringen: Jedes erscheint mit Bildern.

Wir freuen uns, wenn Sie sich für den Verlag, seine Autoren und Ideen, Themen und Bücher interessieren – informieren Sie sich doch bitte unter *www.corso-willkommen.de.*

Gerne können Sie uns auch anrufen (040/226 33 40) oder uns eine Postkarte (Gaußstraße 124–126, 22765 Hamburg) oder Mail (info@corso-willkommen.de) schicken: Wir senden Ihnen frei Haus und stante pede »mundo«, unser halbjährliches Magazin mit Leseproben aus den neuen Büchern, zahlreichen Bildern und einiges mehr von Diesunddas.

CORSO

CORSO 8
MAIKEN NIELSEN
Trampen

I. AUFLAGE IM APRIL 2011
© CORSO / GROOTHUIS, LOHFERT VERLAGSGESELLSCHAFT MBH
GAUSSSTRASSE 124–126, 22765 HAMBURG
DER VERLAG HAT SICH BEMÜHT, SÄMTLICHE RECHTEINHABER
ZU ERMITTELN. SOLLTEN DENNOCH INHABER VON
URHEBERRECHTEN UNBERÜCKSICHTIGT GEBLIEBEN SEIN,
BITTEN WIR UM KONTAKTAUFNAHME.

DER UMSCHLAG VERWENDET DAS MOTIV EINES CITROËN 2 CV
© DER ABBILDUNGEN: SIEHE BILDNACHWEIS

AUSSTATTUNG / GESTALTUNG:
GROOTHUIS, LOHFERT, CONSORTEN | GLCONS.DE
GESETZT AUS DER FAIRFIELD
LITHOGRAFIE: FRISCHE GRAFIK, HAMBURG
GEDRUCKT AUF SCHLEIPEN FLY DURCH GUTENBERG BEUYS, HANNOVER
UND GEBUNDEN VON DER BUCHBINDEREI MÜLLER, GERICHSHAIN
PRINTED IN GERMANY. ALLE RECHTE VORBEHALTEN
ISBN 978-3-86260-010-6

MEHR ÜBER IDEEN, AUTOREN UND PROGRAMM DES VERLAGES
FINDEN SIE AUF
WWW.CORSO-WILLKOMMEN.DE